시인이거나

폐인이거나

시인이거나 폐인이거나

고영균 시집

아득북

시인의 말

수없이 글을 쓰고,
수많은 반복과 치열한 수정을 거쳤습니다.
그 미약했던 노력이 마침내, 오늘 이 한 권으로 완성되었습니다.

시작은 작은 순간의 아쉬움을 담은 일기였습니다.
그 기록을 모아 1집 『힘들어하는 누군가에게』를 냈습니다.

어머니에 대한 그리움과 내면의 상처를 담아
2집 『어둠 속 촛불 하나』를 펴냈고,

이후 '나는 누구인가'라는 질문을 안고
『천안영균』이라는 이름의 수필집을 세상에 보냈습니다.

또한, 끝없는 반성과 성찰을 거친 후
『나는 시인이다』를 발표하기도 했습니다.

그리고 이제, 그 모든 글쓰기의 궤적이 닿은 마지막 자리에서
이 시집『시인이거나 폐인이거나』를 발표합니다.

완전히 새로운 시인(詩人)으로 거듭나거나,
혹은 그 열망에 좌절하여 돌이킬 수 없는 폐인(廢人)이 되거나.
저의 모든 것을 걸고 써 내려간 이 극단의 고백을 통해,
독자 여러분의 삶 속 깊은 울림에 닿기를 소망합니다.

이제, 고독과 어둠 속의 언어를 마주할 준비가 되었습니까?

| 차례 |

시인의 말 ················ 4

1부 고독과 언어의 방호벽

비애의 기록 ················ 17
오직 한 사람 ················ 19
천천히, 똑바로 ················ 20
몽상가 ················ 21
언어의 방호벽 ················ 22
고요라 불리는 칼날 ················ 23
언어의 동공 ················ 24
평가받지 않을 권리 ················ 25
고독한 자가 치료 ················ 26
하루의 꿈 ················ 28
참, 잘했어요 ················ 29

2부 마모와 파국의 논리

마모의 언어 ············ 33
마비된 복도 ············ 34
다 타버린 심지 ············ 35
마른 번개 ············ 36
숨의 궤적 ············ 37
끓어 넘치는 소금물 ············ 38
한 마음, 한 뜻 ············ 40
묵직한 침로(針路) ············ 42
덧씌워진 표면 ············ 44
젖은 날개의 무게 ············ 46
유리 파편 위의 걸음 ············ 48
차가운 쇠사슬의 본성 ············ 50
접히는 심지 ············ 52
차가운 괄호 ············ 54
부서진 거울 ············ 56
뽑히지 않는 이름 ············ 58
정확한 파국 ············ 59
고독의 의식 ············ 60
덧씌워진 껍데기 ············ 62
숨 막히는 미로 ············ 64

3부 생의 반영과 비가역적 연심(戀心)

반사된 생(生) 1	67
반사된 생(生) 2	68
눈먼 확신	70
고통의 연쇄 논리	72
정화되지 않는 비율	73
텅 빈 트랙	74
삭제된 지도	76
차가운 그림자(인공지능)	78
묵직한 중력의 언어	79
마음의 중력	80
마음의 잿빛 정화	82
잔소리의 코드	83
고통의 궤적	84
가을, 계절의 이면 1	85
가을, 계절의 이면 2	86
잔혹한 대차대조표	87
만남과 헤어짐	88
연심(戀心) 1	90
연심(戀心) 2	92
당신은 그런 사람입니다	94
서양커피, 양촌리 커피	96

4부 소멸의 궤적과 영원한 그리움

아시나요	…………	101
정화의 멜로디	…………	102
정지된 새벽	…………	104
생명력의 폭력	…………	106
안녕, 그대여	…………	108
당신도 울고 나도 울고	…………	110
너에게 해주고 싶은 말	…………	112
그대만큼	…………	114
흑백과 컬러 1	…………	115
흑백과 컬러 2	…………	116
마음의 초상	…………	118
구름과 이슬	…………	119
허무의 정지	…………	120
9월에 부른 이름(엄마)	…………	122
그대 없어도	…………	124
그런 날이기를	…………	125
너였구나	…………	126

5부 빈곤과 생의 잔혹한 계약

생자필멸(生者必滅)	…………	129
1월의 그리움	…………	130
사랑아	…………	131
빈곤의 그늘	…………	132
헛된 비교	…………	134
비주류의 시선	…………	136
인간적인 붕괴의 예약	…………	138
다시는	…………	140
송충이의 선택	…………	141
빈곤의 질문	…………	142
죽는 마음으로, 살아낸다	…………	144
부재의 증명	…………	146
가난과 채무	…………	148
오늘과 내일	…………	150
인생의 무게와 거리	…………	151
피어나는 상처	…………	152
생의 이자	…………	154
퇴적된 침묵	…………	156
관계자 외 에누리 금지 (完)	…………	157

6부 시인의 증명과 투쟁의 의지

무엇으로 사는가, 그다음의 질문	161
순수 1	162
순수 2	163
갈아낸 불꽃	164
사람의 향기	166
청춘의 바람과 소금쟁이	167
자연은 말하지 않는다	168
변화의 결단	169
하얀 기억	170
무례한 보은	172
무게를 견디는 기도	174
문학의 증언	176
아날로그 시대의 회귀	178
정상의 침묵	180
모퉁이 돌아서면	182
하늘나라의 설날	184
가을의 두 풍경	185
육아 레벨 '손주 최고 레벨'	186

7부 폐인(廢人)의 그림자, 내면의 회전

실언의 메아리	…………	189
인(忍)의 자중	…………	190
효의 척도	…………	192
삶의 얼룩	…………	194
오뚝이	…………	196
비장한 자유	…………	197
욕망의 끝판왕	…………	198
나는야 민달팽이 1: 내면의 무게	…………	200
나는야 민달팽이 2: 존재의 완성	…………	202
불나방처럼	…………	204
사람의 무서움	…………	206
감히 범접할 수 없는 세계	…………	208
편집된 젊음	…………	209
가죽의 묵언(默言)	…………	210
늙은 안색	…………	211
회전의 감옥 1	…………	212
회전의 감옥 2	…………	213
회전의 감옥 3	…………	214
회전의 감옥 4	…………	215
회전의 감옥 5	…………	216
세상에 없던 말 (앵무새)	…………	217

8부 구원의 궤적과 존재의 완결

빛을 향한 탈출 1	············ 221
빛을 향한 탈출 2	············ 222
지프 라이터(Zippo Lighter) 1	············ 224
지프 라이터(Zippo Lighter) 2	············ 226
불멸의 유산 1: 낯선 향기의 각인	············ 228
불멸의 유산 2: 서사의 완결	············ 230
일생(一生)	············ 231
거북이 위 가로등 (슬픈 동반자) 1	············ 232
거북이 위 가로등 (슬픈 동반자) 2	············ 233
구원(救援)의 궤적	············ 234
고독한 비상	············ 235
경계의 침묵	············ 236
아름답다, 단 하나의 말	············ 237

끝으로 ············ 238

1부

고독과 언어의 방호벽

비애의 기록은 나를 무너뜨리는 것이 아니라,
자신을 고독 속에 밀봉하여 다음 생존을 예약하는
가장 치열한 자가 치료입니다.

비애의 기록

내 가장 깊은 방에는
숨결 없는 유리가 걸려 있다.
그 안은 어제의 나처럼 맑고,
오늘의 파편처럼 날이 서 있다.

둘은 서로를 증오하며
매 순간 핏줄처럼 닮아간다.

이 얇은 막 위를 나는 서걱이며 걷는다.
산 채로 나를 베어내고,
흐릿한 절망을 부활시킨다.

지금, 내 심장은 고요한 밀실.
보이지 않는 칼날이
뼈마디를 깎는 소리만 남는다.

나는 이 고통의 마찰을
오직 종이 위에서만 옮겨 적는다.

그제야,
활자가 내 피를 대신해
그 차가운 고요를 지킨다.

오직 한 사람

모든 감각이 숨 막혀
벽과 내가 한 덩어리가 되던 시절,
체념만이, 내 몸의 마지막 자세였다.

그때, 당신은
내 귓가에 조용히 이름을 새겼다.
그것은 선물이 아닌
오직 나를 향한 소유의 명령이었다.

무너진 내 영혼 위로
당신의 시선이 밧줄처럼 내려왔다.
새로운 숨은 그렇게 시작되었다.

이제 나는 안다.
생존은 거창한 선택이 아니라
단 한 사람의 의지에 묶이는 계약이라는 것을.
나는 그 끈을, 놓을 수 없다.
아니, 놓칠 수 없다.

천천히, 똑바로

똑바로,
단어의 뼈대를 보여달라 했을 뿐이다.
천천히,
의심 없는 무게를 건네달라 했을 뿐이다.

그대는 끝내
마스크 아래 그림자로 대답했다.
노력하지 않았던가.
못했던가.
둘 중 무엇이든 이제 상관없다.

이해받지 못하는 슬픔 대신,
당신의 메마른 공기만이 남는다.
그 투명한 절벽이
내 안의 모든 것을 멈춘다.

오늘도, 나는
목소리가 없는 현실을 걷는다.
바람조차 숨죽인 정적 속에서,
나의 잔혹한 고독이 비로소 말을 얻는다.

몽상가

미래라는 차가운 안개는
발등 위로 묶이는 얇은 쇠사슬.
모든 걸음은 미분(微分)처럼 조심스럽다.

나는 아직 일어나지 않은 실패를
어제의 잔해처럼 등에 지고 간다.
모든 계산과 가능한 후회들이
내 척추를 짓누르는 무한의 증명이다.

이 끝없는 정적은
스스로 씌운 안대.
미래는 잡히지 않아서가 아니라,
잡는 순간 완성될까 두려운 그림자.

그러나
나는 걸음을 멈출 수 없다.
멈추는 순간 이 모든 예감이
잔혹한 현실로 응고될까 봐.

언어의 방호벽

길은 보이지 않고,
걸음은 멈추는 법을 잊었다.
어둠 속, 발은 단지
땅을 미는 기계적인 반복.

세상은 눈빛으로 듣는다.
침묵만이 소리가 되어
냉정한 질문처럼 내 뼈를 만진다.

찬사든, 비수(匕首) 같은 조소든,
나는 그 모든 날 선 파편들을
방호벽처럼 나 자신에게 붙인다.
고통을 수집하여, 다음 걸음의
단단한 추진력으로 삼는다.

다시 한 걸음.
이것 외에는 없다.

고요라 불리는 칼날

모든 소리가 닳아 없어졌다.
위로라는 불필요한 소음도.
내 안의 벽이 문을 닫고
완벽한 침묵을 빚어냈다.

떠나간 얼굴 하나,
녹지 않는 투명한 파편이 되어.
숨 쉴 때마다 깊은 폐 안쪽을
천천히 긋고 지나간다.

고요 속, 기억의 궤적은 선명하고
그때의 섬뜩한 정적만이
아직도 내 곁을 서성거린다.
나를 찌르지 않고, 다만
영원히 잊을 수 없게 한다.

언어의 동공

문들은 매번 닫혔다.
시도는 끈질겼으나, 결과는 영속적이었다.

내 이름 옆에 새겨진 두 글자,
그것은 질문이 아닌, 단절의 벽.

마음은 격렬한 파동으로 진동하나,
손이 빚어내는 모든 말은
벽에 부딪히는 희미한 빛일 뿐.

세상은 내게
들리지 않는 침묵만을 반사했다.

반복된 좌절 끝에,
나의 청춘은
어둠 속에 잠긴다.
존재의 모든 궤적은
소리가 닿지 않는 모래처럼 스러진다.

평가받지 않을 권리

나를 향한 모든 규정은
당신이 던지는 소음에 불과하다.
나는 그 소음에 관여하지 않는다.
당신은 당신이 짓는 메아리일 뿐.

뿌리 깊은 나무가 아니라,
바람조차 스며들지 못하게
틈새를 밀봉한 벽돌일 뿐이다.
당신이 무엇을 짓든
나는 침묵으로 그 시도를 삭제한다.

세상 누구도
이 벽돌을 해체할 권한은 없다.
당신의 눈빛에 담긴
모든 분석과 가치판단은,
나에게 도달하기 전
그 자리에서 부서진다.

나는 나로 존재한다.
평가받을 필요가 없기에.

고독한 자가 치료

미움을 토해내라.
마음속 독을 부패하기 전,
지정된 용기에 쏟아내라.

세상의 모든 상처 난 말은
피부가 아닌 뼈에 달라붙는 잔해.
껍질을 벗겨내듯
잔해의 무게를 정량定量하라.

통증이 감각을 넘어
신경을 마비시킬 때까지.
모든 감정을 분석하고
재활용 불가 폐기물로 분류하라.

그리곤
완벽한 무중력 상태로 앉아
내일의 호흡을 세어라.
과거는 증명된 오류일 뿐,
다시는 반복될 수 없다.

그렇게
인생은 물이 고여
맑고 고요한 재시작을
냉정하게 기다린다.

하루의 꿈

벚꽃잎이 진 후의 빈 허공,
삶은 절대 잊히지 않는 잔향(殘香)이다.

슬픔마저 그림자처럼 옅어지는,
지독히도 무심한 속도.

어떤 날은 태백산의 흰 안개,
어떤 날은 잿빛 먼지로 내려앉는 황사(黃沙),
나는 다만 그 속에 서 있다.

거울 밖의 내가 낯설어 손 내민다.
이것이 나의 시간이므로.

그러나 나는 웃음을 단련한다.
이것이 곧 투쟁이므로.

[숨 고르기] 참, 잘했어요

길모퉁이,
작은 '순수'의 씨앗 하나
낯선 이에게 인사라는 꽃을 피운다.

돌아온 대답은
지친 도시의 건조한 메아리,
"응. 그래."

다시 한번 마음의 문을 두드려도
마주한 건 차가운 무관심의 유리 벽.

답신은 오지 않는다.
나는 그 벽 너머로
아이에게 조용히 깃발을 흔든다.

"인사 참 잘했어.
너는 세상의 희망이야."

대신, 어른의 입은 말한다.

"혼자 다닐 땐
낯선 이를 조심해야 한단다."

그렇게 나는 잠시,
아이의 작은 어깨 위에
따뜻한 나무 그늘이 된다.

2부

마모와 파국의 논리

세상은 젖은 날개의 무게를 묻지 않습니다.
우리는 부서진 거울 위를 걷는 고독한 생존자로서,
마모의 언어로 파국의 논리를 증명합니다.

이곳은 차가운 쇠사슬의 본성이 지배하는 마비된 복도입니다.
절망의 한가운데서 쉼터 시인 '숨 막히는 미로'를 통해
잠시의 호흡을 고르는 것은,
다음 생존을 위한 폐인(廢人)의 고독한 의식입니다.

마모의 언어

강철(鋼鐵)로 만든 거울이 나를 비춘다.
"닳고 닳아, 왜 너만 남았느냐."

내게 던져진 모든 언어는
무심히 튀는 파편.
슬픔은 습관이 되었고
나를 조각조각 마모(磨耗)시킨다.

나는 이제 칼집을 찾지 않는다.

다만 모든 파편을 모아,
핏물마저 깨끗이 지운다.
그것이 내가 지키는 유일한 형태이므로.

마비된 복도

세상은 시계 소리를 멈추고
마비된 복도에 나를 가두었다.

거미줄만 이정표를 삼고,
목소리는 유리 조각처럼 깨진다.

이 거짓의 먹구름 속,
내 골수(骨髓)가 방향을 기억한다.

그 누구의 빛도 빌리지 않겠다.
내 심장의 미약한 불꽃으로,
낯선 길을 태우며 전진한다.

다 타버린 심지

다짐은 언제나 혀끝에서 녹아내린다.

불의(不義)는 차가운 칼날로
피 대신 눈물을 말린다.

선의(善意) 앞에서는
그저 젖은 심지가 되어 타오를 뿐.

욕망의 그물이 길을 덮을 때,
내 발자국은 모래에 쓰인 통곡이 된다.

우리는 등불을 믿지 않는다.
오직 타버린 심지의 냄새를 믿는다.
그 냄새만이 우리를
서로의 연대로 끌어당긴다.

마른 번개

삶은 무너지고, 다만 뼈마디가
마른번개를 맞은 듯 새로이 서 있다.

먼저 걸은 자의 그림자가
우리를 잊게 한다.

구름은 더 짙어질 뿐이다.
안개 속에서, 스스로 길을 밝혀야 한다.

한마음이 아니라,
각자의 가슴에 부지깽이를 쥐고 돌진한다.

숨의 궤적

등 뒤에서 사라지는
미세한 공기의 떨림.

어제는 흐릿한 필름을 끌고
발목에 족쇄처럼 채워진다.

내일은 수평선 너머,
아직 무게가 없다.

영원의 무게는 없다.
오직 이 한 번의 숨이, 시간의 모든 공백을 채운다.

끓어 넘치는 소금물

하루도
마음은 끓어 넘치는 소금물.

끓는 물이
불을 끄듯,
걱정은
옳은 길을 묻는다.

난무하는 주장은
창백한 먼지가 되어
소금 바람 위에 떠돈다.
저마다의 고집은
굳어진 소금 결정처럼
버릴 수 없는 무게로 남는다.

진실을 외면하는 마음,
그 어둠 속에서
혀는 쓴 돌을 깨물고
단맛이라 우긴다.

그림자가 자신을 속인 채
길을 걸을 때,
길은 스스로 사막이 되어
모든 발자국을 삼킨다.

한 마음, 한 뜻

창문 밖으로 밀어낸 짐 하나
도로 위에 내려앉듯,
가장 작은 우리 안에도
묵직한 침묵이 깃드는데.

수많은 삶이 엮인 세상은
모래 위의 발자국처럼
순식간에 지워지고,
서로의 고독만 키운다.

이번만큼은,
벽을 치던 날 선 각을 접고
밀어내던 차가운 손금을 펴서.

하나의 심장이
두 개의 다른 박자를 멈추고
고요한 화음으로 이어지기를.

모두의 그림자가

서로의 빛이 되어
뒤섞인 길을
마침내 함께 걸어가기를.

묵직한 침로(針路)

발밑의 지도가 스며 젖어 들 때,
가야 할 길은
오히려 수많은 암초에 찢긴다.
혼란이 돛폭을 찢고
공포가 방향타를 쥔 시간.

우리는 묻는다,
폭풍의 눈을 뚫고
묵묵히 홀로 서는 침로(針路)는 어디에.

무리의 앞에 서는 이,
그는 깃발을 흔드는 자가 아니다.
모두가 잠든 밤,
가장 먼저 일어나
젖은 밧줄을 정비하는 그림자.

군림 대신
가장 낮은 곳에서 소금처럼 녹아
길을 미끄럽지 않게 다지는 사람.

지배 대신
함께 어둠을 깨치며
돌 하나하나를 먼저 치우는 손.

그가 바로
묵직한 책임을 짊어진 리더다.

우리가 필요로 하는 것은
햇불을 들고 서서
뒷모습만으로 길을 보여주는
그런 고독,
그런 헌신.

덧씌워진 표면

진짜를
가짜로 깎아내리는 것은,
오래된 돌 위에
녹스는 칠을 하는 것.

가짜를
진짜로 위장하는 것은,
버려진 헝겊으로
태양의 수의(壽衣)를 짓는 것.

어느 독이 더 깊이 스미는가.
무엇이 더 오래
세상의 눈을 가리는가.

있는 것을 지우는 것과,
없는 것을 만들어내는 것.
파괴와 창조 사이에 놓인
윤리의 저울은 끝내 기울지 않는다.

그러나,

진짜는
가짜의 껍질을 뚫고
숨 쉬는 뿌리로 남아
시간을 견딘다.

가짜는
아무리 거대한 탑을 쌓아도
기둥 없는 그림자처럼
언젠가 스스로 무너진다.

가짜의 번쩍이는 불빛은
진짜의 식지 않는 불씨를
결코 잠재울 수 없으리라.
그 고유의 무게는 사라지지 않으니.

젖은 날개의 무게

없던 것을
있는 듯 꾸미며,
텅 빈 현실 위에
모조의 빛을 덧칠하고.

종이로
비행기를 접어
가장 높이 닿을 허공을 그리며,

모래로
쌀알을 빚어
허기진 눈빛에 상상 속 밥상을 차리고.

나뭇잎으로
배를 띄워
돌아올 수 없는 먼 길을 떠난다.

그러나,
없는 것은 끝내

공기의 차가움으로 드러나
접힌 종이비행기를 적신다.

거짓은 아무리
진실의 모습을 흉내 내어도
젖은 날개의 무게를 이기지 못한다.

환상이 걷힌 자리엔
모래 쌀알의 무거운 침묵만 남아
혀끝에 차가운 진실을 남긴다.

그림자의 길이만큼
빛이 짧았음을,
자신이 쌓은 성이
자신을 가두는 감옥이었음을.
이젠 피할 수 없다.

유리 파편 위의 걸음

세상은
언제나 변하는 그림자의 무도회,
모든 것은
겉과 속이 다른 차가운 거울을 반사한다.

그러므로
발끝의 유리 파편을 살피듯
확인하며 걸어가라.
방심은 옷자락을 무는 이빨이 되고,
작은 틈은 영혼에 박히는 묵직한 상처가 된다.

가까움에도
숨 막히는 거리가 필요하고,
친절에도
날카로운 칼을 가늠하는 침묵이 필요하다.

무턱대고 믿기보다
숨결의 진동까지 살피고 헤아리며,
그 밀실 안에서

자신을 봉인하여 지켜내라.

슬프지만,
이것이 불신을 돛으로 삼아
서로의 섬을 외롭게 오가는
난파선의 항해술이다.

신뢰가 맹독이 되는 세상,
삶을 안전하게 건너는 유일한 지혜는
차가운 경계만이 남기는
고독한 생존이다.

차가운 쇠사슬의 본성

약하면
투명한 유리처럼 밀려나고,
발밑의 흙 한 줌도 지키지 못한다.

군중 속에서
목소리 없는 배경이 되고,
자신을 밟고 지나간
그림자의 딛고 선 흙이 된다.

강한 자는
늘 약한 자의 갈라진 뼈마디를 노리고,
그 뜯긴 고통을
녹슨 왕관의 무게로 삼는다.

그 순간,
친절의 가면은 찢기고
숨겨진 차가운 쇠사슬의 본성이 드러난다.

그러나 기억하라.

약자의 숨 막힌 침묵이 쌓이면
그 응어리가 지하의 열기를 품고,
억눌린 울음의 염도가 모이면
모든 금속을 부식시키는 맹독이 된다.

벼락은 하늘에서 치지 않는다.
가장 낮은 곳에서부터
지진처럼 균열이 시작될 때,
그 흔들림은 모두의 자리를
영원히 뒤엎으리라.

접히는 심지

모름지기 인간은
서늘한 불꽃을 품어야 하거늘,

많은 이들은
허리는 끈적한 꿀에 굽히고
그림자만 벽에 세워뒀구나.

진실 앞에서는
눈동자 안의 빛을 스스로 지우고,
욕망 앞에서는
뼈를 발라낸 생선처럼 자존을 버리며.

겉으로는 당당한 듯
속으로는
결박된 깃발처럼
침묵의 바람에 속절없이 찢기고 있구나!

슬프다.
이것이 모두의 시선을 두려워해

자신을 가장 먼저 배반하는
비겁한 영혼의 잔혹한 자화상이다.

곧은 심지 대신
자신을 접어 넣은 종이처럼,
단단한 기둥이 되기보다
가장 나약한 틈을 선택하여
유리 감옥을 짓고 사는구나.

차가운 괄호

나는 자주 듣는다.
투명한 벽 뒤에서,
몰랐다,
기억나지 않는다,
모르겠다는 차가운 괄호 속의 목소리.

그 변명들 사이로
양심의 자리는
이미 뿌리째 뽑힌 빈 화분으로 드러난다.

자기 잘못을 외면하는 것은
흐르는 강물을 부정하고
마른 땅에 길을 내는 짓.
그 길은 결국
스스로 파낸 웅덩이로 무너진다.

빛을 향한 발걸음은
절대 지워지지 않는 낙인처럼
뼈에 새겨져야 하며,

상과 벌의 무게는
영혼을 담은 저울 위에서
자신을 먼저 찢어 달아야 한다.

선과 악의 경계는
가슴이 아닌
내장 깊숙한 곳에 차가운 쇠로 새겨
매 순간 통증으로 기억해야 한다.

슬프지만,
잃어버린 목소리가 남긴 것은
안전한 삶이 아닌,
자신을 향해 서서히 퍼지는
침묵의 독뿐이다.

부서진 거울

옳다, 그르다,
식칼 같은 말들이
세상의 가장 깊은 속을 가른다.

좁은 땅 위,
사람들은 서로의
피 흘리는 그림자를 밟고 지나며,
가장 가까운 거리에서
가장 먼 타인이 된다.

나는 본다.
부서진 거울 속에 분열해
수많은 파편이 된 얼굴을.

거울 조각마다
다른 거짓을 외치는
자신을 헤매는 인간들을.

이제 돌아갈 초심도,

되찾을 원래의 얼굴도 없다.
남은 것은 칼날의 예리함을 닮은
조각난 실체뿐.
이 비극은 우리의 언어가 지은 것이다.

뽑히지 않는 이름

아니,
무엇이 이 씨앗을 가져왔나.

번지고,
억세고,
깊이 박혀
뽑히지 않는다.

아니,
왜 마음속에 잡초를 키웠을까.

의심이 돋아나고,
거짓이 뿌리내리고,
불신이 흔들어 놓는다.

잡초 같은 생각들아,
참으로 끈질기구나.

정확한 파국

쉽다고 여긴 일이
문득 가장 깊은 늪이 되어 발목을 잡고,

어렵다고 여긴 일이
준비 끝에
뼈만 남기고 해체된다.

그러니 흐르는 시간을
녹슨 동전처럼 헐값에 넘기지 마라.
만연한 방심은 가장 잔혹한 대가다.

익숙한 얼굴에도,
보이지 않는 차가운 강철의 각이
늘 숨겨진 채 빛나고 있다.

그림자 속에
자신을 감추는 순간,
파국은 가장 쉬운 길로 온다.
예측된 불행은 가장 정확한 파국이다.

고독의 의식

가슴 속
낡고 더러운 불씨가 깨어날 때,
사람들은 외친다.
단정하고 깨끗한 말로
참아라, 견뎌라, 이겨내라.

그러나 고독은 이미
차가운 소금물처럼 뼛속까지 스며
모든 위선을 희미하게 만들었고.

내 손끝은
마른 우물을 더듬어
홀로의 물결을 만들어낸다.

그 파문 속에서
나는 잠시
가장 낯선 나를 품어 안고,

쓸쓸함은

쾌락의 단맛이 아닌
차가운 진흙의 덩어리가 되어
나를 무겁게 감싸 안았다.

이제 고통은
몸의 가장 진실한 기도가 되어
세상이 알 수 없는
고요한 항복을 완성한다.

그 항복 끝에
파멸적인 안식이 있다.

덧씌워진 껍데기

화려한 옷은
식어버린 피부를 감출 뿐,
찬란한 집은
무너진 내면의 빛을 가릴 뿐,
넘쳐나는 음식은
비어버린 영혼의 허기를 증명할 뿐.

모두 덧씌워진 값비싼 껍데기일 뿐이다.

내가 찾는 건,
당신의 숨결이 빚어내는
녹슬지 않는 온기.

진심의 한마디는
모든 보석의 무게를 능가하나,
그 한마디가 거짓이었을 때,
세상의 모든 궁전은 차가운 감옥이 된다.

나는 안다.

공허함은 물질로 채워지지 않으며,
진정한 위로는
삶의 근본 없이는 피어날 수 없는
가장 잔혹한 꽃이라는 것을.

[숨 고르기] 숨 막히는 미로

여러 갈림길이
혼돈의 그림자를 드리우고,
얽힌 안내판 사이
화물차는 길을 잃는다.

핸들을 꺾을 때마다
낯선 비명이 미끄러지고,
낮은 천장에 닿을 듯
심장은 매달린 채 떨린다.

돌아서면
또 다른 미로,
나를 잃은 곳에서
나를 다시 찾아 헤맨다.

마침내 숨 막히는 길을 빠져나오면
자유가 천천히
입가에 미소를 남긴다.

3부
생의 반영과 비가역적 연심(戀心)

존재의 지도는 삭제되었고, 마음의 중력만이 남아 빛을 반사합니다.
이 비가역적인 슬픔과 연심(戀心)의 경계에서 우리는 진실의 섬광을 봅니다.

반사된 생(生) 1

숨 쉬는 일 자체가 구속,
숨 거두는 자유는 영원히 유예된다.

내 안의 나를
겨우 끌어안고,
지탱하다 마침내
무너질 듯 출렁이던 경계.

15층 창문 너머,
휘몰아치는 바람의 날개 사이로,
절망의 검은 그림자 대신
석양빛을 머금은 한 줄 광선이
차가운 유리에 잔잔히
되돌려지고 있었다.

그 빛은 구원이 아니었다.
다만 밀쳐진 생(生).
내 눈동자 깊숙이 박혀
사라지지 못하는 고통을
영원히 증명하는 결정(結晶).

반사된 생(生) 2

들이마시는 숨결은
차가운 유리 파편을 씹는 고문.
내쉬는 순간조차
납처럼 무거운 공기 속에서 떤다.

내 안의 나는
끊임없이 흔들리며,
가장 날카로운 유리선 위를 걷는다.
존재의 경계는
산산조각 난 거울처럼
피를 낼 듯 날카롭다.

그 사이, 15층 창문 너머
숨 막히는 폭풍 속에서,
죽음의 묵시록 대신
석양빛을 안은 한 줄 광선이
고요히 나를 향해 반사된다.

그 반영의 심연 속에서,

나는 처음으로 나를 본다.
구원도 해답도 없는,
오직 그 자체의 존재 증거.
찢긴 숨결과 절규가 새겨진
나만의 영원한 기록.

눈먼 확신

세상의 문제는,
너무 많은 확신이
서로를 날카로운 진리라 부르는 것이다.
그 외로운 칼날이
인간의 가장 깊은 속을 가른다.

빛은 길을 밝히지만,
너무 많은 빛이
과잉된 진실로 모일 때,
세상은 오히려
시신경을 마비시키는 섬광이 되어
아무것도 보이지 않는다.

보이지 않는 진리
우리는 빛을 숭배했으나,
그 눈부심은 우리가 만든 감옥이었다.
진리가 진리를 지우고,
확신이 진정한 사유를 태워버린 자리.

이제 침묵 속에만
진리의 희미한 윤곽이 있다.
눈먼 우리는
그 가장 소중한 어둠을
영원히 볼 수 없으리라.

고통의 연쇄 논리

서면 눕고 싶은 다음 순간을 미리 지급하고,
앉으면 일어서야 할 무게를 먼저 저울질한다.

배부름과 배고픔은
같은 몸의 형벌이다.
한쪽의 결핍이 다른 쪽의 고통을 낳는
끝없는 연쇄가 인간의 본성이다.

좋은 사람을 기대하는가.
먼저 내 안의 가장 썩은 냄새를 직시하라.

희망을 노래하려거든
마음에 피 흘리는 빛을 길러라.
선의는 가장 잔혹한 대가로 지급된다.

인생은 논리로 오지 않는다.
끝없는 길 위,
한 걸음 한 걸음이
돌아갈 수 없는 정해진 끝만을 새긴다.
노력은 결과가 아닌 해체의 그림자를 만든다.

정화되지 않는 비율

99%는
순수한 믿음으로 빚은 서늘한 양심이었다.

그러나
1%의 단 한 방울이 스미자,
그 물은 절대 돌아가지 않는
치명적인 독의 색으로 물들어 버렸다.

정말 무서운 것은,

모두가 합한 빛의 무게가 아니라
작은 어둠이 지닌
오염의 비가역적인 설계다.

그것은 끈질긴 집요함이 아닌,
선(善)이 스스로 무너지는
가장 쉬운 경로를 아는 잔혹한 지혜다.

텅 빈 트랙

100미터 달리기하네.
출발 소리에 발목을 쥔 채 세상이 끌어당긴다.

겨우 뿌리치고 달려가다가
트랙 위에 심어진 큰 돌부리에 걸려 넘어졌다.

'1등은 고사하고,
완주나 해보자' 생각하며
다시 일어서려는데

이번엔 모두의 시선이 내 목을 발로 짓밟는다.

간신히 뿌리치고
결승점에 도착했지만

관중도, 선수도,
승리를 축하할 빛도 없는 결승선이다.
이 자리는 오직 나만이 증명할 수 있었다.

인생은 논리가 아니었다.
누구에게 탄탄대로를, 누구에게 파 놓은 함정을 주는
잔혹한 배분만이 있었을 뿐.

그러나 나는
여전히 숨을 고르며,
가장 명확한 절망을 직시한 채,
다시 한 발,
스타팅 블록 위에 내 의지를 고정한다.

이 재도전은 희망이 아닌,
고통을 관통하고 초월할 운명에 대한
가장 장엄한 선언이다.

삭제된 지도

몽당연필 두어 자루
손가락에 끼고
어제를 파내어 하루를 긁어낸다.

의미 없이 흘러간 시간 속에서
존재했다는 감각마저
차가운 재처럼 스러진다.

눈앞을 가득 채운 잿빛 안개,
발걸음이 닿는 곳마다
길은 자신을 삭제하고,
나는 백지 위에
위태롭게 서 있다.

가장 가까운 이의 숨결이
가장 멀게 느껴지는 투명한 벽.
그보다 더 무거운 고독이
내 생生의 중력일 수 있을까.

삶의 이유를 찾지 못한 채
남는 것은
뜯어낸 어제의 텅 빈 껍질 하나.

그리고 나를 부르는
완전히 끊어진 회선에서 오는
희미한 하루의 메아리뿐.
존재의 지도는 영원히 지워졌다.

차가운 그림자
－ 인공지능

인공지능이 주도하는 삶,
지워지지 않는 코드의 강이
우리의 왜곡된 자화상을 빚어냈다.

빛처럼 빠른 정보 속,
진실은 불필요한 무게가 되고,
거짓은 더 빠르고 매끄러운 피부를 입는다.
인간은 감지 불가능한 오류 속에 갇혀도
스스로 존재의 윤곽을 다시 찾는다.

사실이 거짓의 얼굴을 완전히 복제할 때,
우리는 더 날카로운 질문을 시작한다.

파도에 휩쓸리는 것은 몸이 아닌 생각하는 회로다.

결국 인간은
가장 효율적인 침묵을 거부하고
진정한 사고를 재설계할 것이다.

묵직한 중력의 언어

명언을
굳이 찾아 헤매지 마라.
타인의 지혜는 결국 낡은 붕대일 뿐.

때로는
내 입술을 스친 단 한마디가
누군가의 굳게 닫힌 마음의 빗장이 되어
침묵을 깨고 용기를 일깨우며,
새벽에 뜬 별처럼
따뜻한 진심으로 다시 피어나기도 한다.

나는 안다.
진심은 보석처럼 빛나기보다
고요한 울림으로 남아
마침내 서로의 벽을 허무는 외침이 되기 쉽다는 것을.

말의 힘은 상처가 아닌,
연결과 회복의 묵직한 중력에서 온다.

마음의 중력

사람을 가장 무겁게 짓누르는 것은
피 흘리는 상처가 아니다.

핏줄 속에 차가운 모래를 채우는 내부의 마비가
곧 육체의 근본을 무너뜨린다.

그 병은 조용히 스며들어
숨결을 녹슨 톱니처럼 삐걱거리게 하고,
걸음마다 중력을 천 배로 증폭시켜
뼈와 의지를 동시에 부순다.

가장 잔혹한 것은,
이 고통이 타인에게 증명되지 않는다는 사실이다.
눈에 보이는 위로는 병을 더 깊은 곳으로 밀어 넣을 뿐.

결국 마음의 병은
삶을 자신을 갉아먹는 유일한 일로 만드는
완벽한 생존 논리다.

그러나 마음의 병은
그 깊은 곳에 숨겨진 빛의 통로를 만드는
가장 역설적인 구원의 씨앗이다.

그 무게를 기꺼이 감당하는 순간,
우리는 중력을 넘어설 힘을 얻는다.
이 고독한 싸움은
마침내 서로를 이해하는 연대의 시작이 되리라.

마음의 잿빛 정화

네 마음을 짓이기듯 닦아라.
먼지가 걷히면
그 안에서 보석 같은 빛이 나오는 것이 아니라,

스스로 곪게 한 상처와
오랫동안 숨긴 너의 얼굴이
날카로운 진실처럼 너를 비출 테니.

그 잔혹한 진실을
조용히 응시하는 침묵 속에서
비로소 치유의 서막이 시작된다.

마음 닦기의 대가는
위안이 아니라,
쉽게 닦이지 않는 어둠의 면적 위에
새로운 빛의 지도를 그리는 것이다.

잔소리의 코드

Ctrl + C,
복사된 의무의 명령.

Ctrl + V,
반복의 폭력으로 붙여 넣는다.

결국,
그 말은
마모된 톱니바퀴처럼
의미 없는 소음이 될 뿐.

마음엔
하나도 남지 않는다는 잔혹한 거짓말.
반감이 차가운 납처럼 깔리고,

그 말은
의지를 긁어내는 사포처럼
영구적인 흔적만을 남긴다.

고통의 궤적

절망은 깊은 밤이나 공허가 아니다.
절망은 이미 내 몸이다.
뼈를 타고 흐르는 차가운 유동성이다.

희망은 새벽 빛줄기가 아니라,
어둠을 찢는 더 날카로운 의지.
파멸의 유혹일지라도,
그 자체가 내디딜 힘이다.

결국 멈출 수 없다는 무력한 진실 앞에
우리의 발걸음은 망설인다.

하지만 한 걸음, 또 한 걸음 내딛는 순간.
길은 열리지 않으나,
내 몸의 투쟁적 무게로 존재의 궤적을 새긴다.

오늘도 작은 발걸음으로
삶과 소멸 사이를 정면으로 가르며 걷는다.
오직 자신을 증명하기 위해.

가을, 계절의 이면 1

가을은,
기만적인 계절의 섭리.

덥지도 춥지도 않은 바람 속에
낙엽은 화려하게 변색한 위장을 춤추고,
햇살은 냉정히 모든 것을 건조하게 한다.

모두의 시선을 사로잡는
쇠락의 서막, 가을아,

이 기만적인 색채는
곧 **뼈**대만 남을 시간의 증명이다.
찬란함은 소멸을 숨기는 유일한 껍데기.

가을, 계절의 이면 2

가을아,
넌 참 잔인해졌다.

덥지도 춥지도 않은 기만적인 바람 속에
낙엽은 황금빛으로 포장된 죽음을 춤추고,
햇살은 냉정히 모든 것을 건조하게 한다.

모두의 시선을 사로잡는
쇠락의 여왕, 가을아,

나와 함께 무無로 돌아가 줄래?
내 숨결과 영혼을
서늘한 해체 속으로 날려
허무의 빛 속에 미세한 공기의 궤적처럼 녹여주렴.

이것이 필연적인 섭리의
유일한 무게일 뿐이라면.

잔혹한 대차대조표

당신이
앞으로
백 년을 더 살 수 있기를,
나는 소용없는 맹세를 한다.

나의 모든 시간을
당신에게 쏟아붓는다고 해도,
당신의 단 일 초도 살릴 수 없음을 안다.

나의 백 년을
당신께 투자하겠소.
이것은 기적을 바라지 않는 가장 잔혹한 거래.

한 줌의 시간이라도
당신의 마지막 숨결 속에 녹여 보내리.
그것은 생명 연장이 아닌,
상실의 증인이 되려는 숙명적인 체념이다.

만남과 헤어짐

그대를 만날 때면
내 안의 벽이 미세하게 균열하고
와이셔츠 단추는 해체된다.

헤어짐 앞, 어떤 활자도 무용(無用)하며
베란다의 차가운 타일이 실체로 남는다.

사랑이라는 미지의 감정 속에서
내 마음은 서쪽 하늘 아래
오직 절단된 쇠사슬의 무게만 남는다.

마지막 인사조차
어떤 활자로 적어야 할지
말을 고를 수 없습니다.

이별이라는 공을 굴리면
안녕이라는 구멍에 빠지고,
그 순간은
비가역적인 섭리처럼

결코 피할 수 없습니다.

그저 바라볼 뿐입니다.
이 절단면이 흉터로 응고되어
나만의 고독을 영원히 증명하기를.

연심(戀心) 1

홍연(鴻淵) 앞,
운명의 서막에서
그대를 기다렸습니다.

고요하고 우아한 걸음,
숨결마저 차가운 거리에서 관찰했지요.

깊은 우수의 눈빛 아래,
하고 싶은 말은 수없이 많았지만
그저 바라보는 일만으로도
유일한 비극이었습니다.

혼자만의 연심을 키우다
결국 응축된 고통으로 고백했지요.
"그대를 사랑합니다."

그대는 태연한 듯 보였으나
이미 흔들리던 마음의 물결을
나는 알았습니다.

포옹 속에 스민 숨결은
결박된 심지처럼 타는 예감,
조용히 마음을 채운 그 순간,
나의 연심은
온전히 자신의 고독에 갇혔습니다.

연심(戀心) 2

홍연(鴻淵) 앞,
나의 파국을 기다렸습니다.

고요하고 우아한 걸음과 우수의 눈빛을
한없이 바라보며,
하고 싶은 말을 심장 속에서 피 흘리듯 삭였습니다.
바라보는 고통만이
유일한 생존 방식이었지요.

혼자만의 연심을 키우다
결국 떨리는 혀로 진실을 토해냈습니다.
"그대를 사랑합니다."

그대는 태연한 듯 보였지만
나는 알았습니다.
그 마음의 흔들림이
나를 향한 것이 아닌,
고백이 불러온 냉정한 경계임을.

포옹 속에 스민 숨결은
달콤히 남은 향기가 아니라,
곧 끝날 운명이
내 존재에 새긴 비가역적인 중력의 각인.

나의 연심이
온전히 그대에게 닿은 순간,
사랑은 완성이 아니라
단지, 유통기한을 얻었을 뿐.

당신은 그런 사람입니다

비가 오면
가장 먼저 떠오르는 당신.

가녀린 어깨에 얹힌 것이 슬픔이 아닌,
의무를 넘어 기꺼이 삶을 지탱해 온
단단한 품을 지닌 사람입니다.

내가 아플 때
먼저 안부를 물어주던 그이는,
정작 더 무거운 시간의 짐을
홀로 짊어져 왔음을 압니다.

웃음 뒤에 비애의 멍울을 숨긴 채,
침묵으로 완성된 헌신을 아는 사람.

당신은 그런 사람입니다.

끝없이 베풀고,
애써 오늘을 살아내어,

빗방울 소리에 고독을 충전하고
다시 세상과 정면으로 마주하는 사람.

트렌치코트 향기처럼 은은하게,
삶의 깊은 결이 배어나는 사람.

당신은, 그런 사람입니다.
조용히 모두의 마음을 감싸안고,
세상의 모든 슬픔을
가장 진실한 침묵으로 품어 연대하는 사람.

[숨 고르기] 서양커피, 양촌리 커피

블랙커피는 쓰다.
그러나 개운하다.
도시 카페 한편에서
낯선 향기를 마신다.

믹스커피는 달다.
여운이 길다.
양철 주전자 물 끓이던
시골집 아랫목 같다.

어린 날의 향수와
오늘의 고독이
조용히 마주 선다.

나는 블랙커피를 서양 커피라 부르고,
믹스커피를 양촌리 커피라 부른다.

쓴맛과 단맛이 뒤섞여
그리움은

한 모금 향수 속으로 스며든다.

그리고 지금도,
양촌리의 아랫목에는
그때의 웃음과 기억이
살아 있을까?

4부

소멸의 궤적과 영원한 그리움

생명력의 폭력이 난무할 때,
우리는 정지된 새벽 속에서 흑백과 컬러의 경계를
묻습니다.

아시나요

내가 당신을 좋아했다는걸.
긴 밤, 혼자서
달빛이 아닌 침묵이
내 안의 파열음을 키웠다는걸.

내가 당신을 사랑했다는걸.
의자 위 외투엔
향기 대신 식어버린 온도만 남고,
당신의 부재는
파괴적인 선명함으로 되살아납니다.

아시나요,
내가 잊지 못하는 게 아니라
잊지 않으려 고집하고 있다는 것을.

좋아해 놓고 말 못 하고,
사랑하면서 뒤돌아선 그 비겁함이
이제는 별이 아니라
내 안을 갉아먹는 독이 되었다는 것을.

정화의 멜로디

오늘따라 청명한 하늘은
새로운 시작의 배경입니다.
떠가는 구름은
곧 변화를 끌어낼 조각일 뿐.

나지막이 용기를 속삭이며
부르는 노래
사랑해, (새로이,) 사랑해.

파란 하늘에 푸른빛이 섞이고,
햇살은 온전히
모든 불안을 녹여냅니다.

두런두런 번지는 재생의 노래
좋아해, (희망이야,) 좋아해.

이젠 두려움을 멈춰야 해.
새로운 의미를 찾기 위해,
더 깊은 곳으로 가려고.

그대에게 남길
영원한 기억 대신,
바람에 실려 조용히
마음을 정화하는 노래.

사랑해, (영원히,) 사랑해.
우리의 영원한 순간이
새로운 길을 밝힙니다.

결국, 이 순간이
영원한 사랑을 시작했습니다.

정지된 새벽

고요한 숨결에 놀라 깬 새벽,
햇살은 창가 대신 고독의 균열을 스민다.
어미 새의 노래 대신 파괴된 기억이 흐르고,
잊었던 꿈은 잔혹한 진실을 깨워
영원히 닿지 않을 이름을 부른다.

바람이 전하는 것은 향기가 아니라,
오랜 기억의 그림자가 남긴 차가운 온도뿐.
가슴 속 그리움은
별빛처럼 초롱초롱 빛나는 상처다.

이제는 가야 할 시간.
새로운 길은 절망 위 홀로 파인 궤적.
마음 깊이 새겨진 노래,
기억해, (영원히,) 기억해.

어둠 속에서도 빛나는 마음은 환상이다.
홀로 걷는 길은 절대 외롭지 않은 것이 아니라,
고독이 유일한 동반자임을 냉정히 인정하는 것.

그대에게 닿는다는 불가능한 희망 대신,
조용히 마음에 상실의 무게를 담아
별빛 위로 상실의 기록을 흘려보낸다.

생명력의 폭력

메마른 대지 위로
봄비가 차갑게 스며든다.
앞바퀴엔 환상을, 뒷바퀴엔 소멸을 싣고
꽃들은 마침내 터져 나온다.

노란 개나리는
길가에서 의무처럼 몸을 흔들고,
그 앞에서 내 얼굴엔
비정상적인 미소가 흉터처럼 번진다.

봄꽃은
들과 산을 소란하게 덧칠하고
향기로 유혹의 춤을 춘다.

작은 화단 속에서도
경쟁적으로 자리를 잠식하며,
바람에 몸을 맡긴 채
필연적인 쇠락을 자랑한다.

그 순간,
내 내면의 권태마저 함께 피어나,
조용히 상실의 예감으로 번진다.

안녕, 그대여

안녕,
나의 모든 것을 앗아간 그대여.

아름다운 추억은 망각을 위한 비정한 위장.
멀어지는 발걸음 속에
나는 증오를 내 뼈에 깊숙이 묻으리라.

함께한 날들의 기억은 독(毒)이 되어 품고,
층층 계단은 틈마다 파멸을 숨긴 고문대.
고행의 시간을 지나
피어난 것은 꽃이 아니라, 썩어가는 이름 모를 상처다.

희미한 구름의 고리,
사람들은 그것을 환상이라 불렀다.

달무리 진 밤은
바람마저 시신의 온도로 부드러워
별빛 속에
그대 부재의 구멍이 조용히 확장된다.

마지막 인사조차 없다.
사랑은 추억이라는 감옥에 갇혀
영원히 썩어갈 운명을 안고
나는 이별의 비정함을 냉정히 수용한다.

당신도 울고 나도 울고

당신도 울고 있었군요.
나만 상처인 줄 알았는데,
당신 또한 치유를 갈망하고 있었군요.

세월이 흐르면 잊히지 않는 이해,
추억은 연대의 증거처럼
차곡차곡 쌓여만 갑니다.

당신도 웃고 있었군요.
나만 실없는 방어를 하는 줄 알았는데,
당신도 어느새 새벽의 시작을
조용히 준비하고 있었군요.

웃을 때 피어나는 보조개는
함께 웃을 내일의 약속.
그 위에 살포시 내려앉은 입맞춤은
영원한 공감의 증명.

내 발걸음 앞에는

언제나 당신의 그림자가
나침반처럼 길을 이끌었지요.
맞잡은 손은,
놓지 않기로 맺은 동행의 서약.

당신도 울고, 나도 울었지만,
당신도 웃고, 나도 웃습니다.
공통된 이해가 마음을 감싸는
아름다운 화음처럼.

너에게 해주고 싶은 말

강가에 석양이 심장처럼 붉게 물들면
눈가에 기억의 강물이 하염없이 흐른다.

그리움으로 빚은 이름,
그대여
끝없이 운명처럼 사랑한다는 말.

어둠이 우주의 포옹처럼 내려앉은 밤,
별 하나 영혼의 불꽃처럼 떠오르면
눈을 감을 때마다
시간을 넘어 그 얼굴이 그려진다.

숨결마다 되살아나는 향기,
그건 언제나 너였다.

내 생의 마지막 떨림으로 전하고 싶은 말,
이 우주를 관통하는 단 하나의 진동
사랑한다는 말.

끝없이,
영원히.

별의 궤적 위에 금빛 서명처럼 새겨져,
조용히 마음의 사막을 적시는
사랑한다는 영원의 메아리 한마디.

그대만큼

꽃이 아무리 고와도
그대는 끝맺음을 향한 경주에서 늘 앞서 있다.

꽃이 향기로 유혹해도
너의 숨결은 파멸의 흔적만큼 더 진할까.

꽃이 덧없는 자태를 뽐내도
내 눈에는 언제나
너의 미소가 더 가파른 절정으로 빛난다.

덧없음의 계약
꽃은 바람 따라 필연적으로 피고 지지만,
너는 내 마음 깊은 곳에서
영원의 부재를 잔인하게 각인하며
가장 아름다운 마지막 빛을 담는다.

우리의 사랑은
가장 완벽한 방식으로 시들어갈
서로에게 건 계약일 뿐.

흑백과 컬러 1

당신과 나는
서로의 파멸을 위해 나뉘어 서 있다.

나는 흑백 필름의 결함처럼
빛과 그림자 사이에서 부패를 숨기고,

당신은 찬란한 독약 같은 색채 속에서
가장 위태로운 꽃처럼 자신을 소진한다.

내 세상은 오래된 필름처럼
시간의 먼지와 진실만을 기록하지만,

당신은 매 순간
거짓의 색으로 빛나는 꿈을 산다.

그래서 우리는
닿을 수 없는 별빛과 그림자처럼,
서로의 상실을 바라보며
조용히 단절의 대가를 치른다.

흑백과 컬러 2

당신은 여전히
빛나는 거짓 속에서 춤을 추고,
나는 여전히
먼지 쌓인 흑백의 기록 속에 숨습니다.

닿을 수 없던 손길의 흔적은
시간 속에 지워지지 않고
내 마음 깊이 남아
조용한 폭발로 되살아납니다.

기억 속 색채는
당신이 남긴 독약의 잔재,
그 위로 나는
흑백 필름을 찢으며
조금씩 나를 지워갑니다.

우리의 세계는
서로의 소멸을 비추는 거울이 되어,
닿지 못한 채

같은 고통의 선율을 반복합니다.

그러나,
흑백 속 그림자는
결코 컬러를 닮지 않고,
컬러 속 빛은
결코 흑백을 따르지 않으니,
우리는 여전히
각자의 파멸 위에서
조용히 춤추고 있습니다.

마음의 초상

낡은 청바지,
헝클어진 머리칼,
소파에 반쯤 걸터앉은
무표정한 얼굴 체념의 정답.

이해할 수 없는 혼잣말,
게슴츠레한 눈동자,
턱을 괴고 바닥에 자신을 묶는다.

사람들은 그녀를 가엾다고 말하지만,
나는 거울의 섬뜩함을 읽는다.

거울 속 내 모습처럼
그녀도 나와 같은 질문이 있는 병든 존재.

그 마음속 작은 빛은
희망이 아닌,
세상의 그림자를 재는 단위.

구름과 이슬

흰 눈이 내렸어.
몽글몽글 뭉친 눈송이는
저마다 외쳤지.

"야, 저 하늘 좀 봐.
우리도 언젠가 구름이 될 수 있겠지?"

춥던 겨울이 지나고
따뜻한 봄이 오자,
그들은 마침내
하늘로 올라갔어.

그리고 구름 위에 닿는 순간,
한 방울 이슬 되어
다시 땅으로 떨어졌지.

"구름아!
내년에는 꼭,
친구로 함께 하자."

허무의 정지

사는 게 허망하고
무의미하게 느껴질 때,

잠시 쉬어도 됩니다.
어울리지 않으면
문을 부수고 나가도 됩니다.

골방에 홀로 앉아
벽의 침묵과 대화를 나누세요.
다른 이에게 슬픔을 전가하지 말고,
고통의 무게는 스스로만 지우세요.

세상 끝 절벽 위에 서 있다면,
떨어지지 않는 방법을 묻지 마세요.
발아래를 보지 말고,
수직의 허공 속에 자신을 느껴보세요.

그 속에서도,
작은 숨결 하나,

빛처럼 남은 존재가 있습니다.

제발, 그러지 마세요.
다시 한번 더,
무(無)의 논리를 완성해 보세요.

9월에 부른 이름
- 엄마

내가 세상에 태어나
내뱉은 첫 파열음,
그것은 '엄마'였습니다.

그 한 음절 속에는
나를 짓누르는 무게가 있어
붕괴한 나를 겨우 지탱합니다.
엄마.

이제는 육성으로 부를 수 없는 이름,
그러나 마음이 가장 처절하게 외치는 이름,
엄마.

1월의 눈이 아니라
9월의 서늘한 바람 속에서
그 하얀 계절의 기억이
가슴의 얼음을 매번 새롭게 찌릅니다.

1월은 가 버렸지만,

그대의 부재는
9월의 내 심장을
여전히 눈발처럼 차가운 습기로 적십니다.

지우지 못하는 것이 아니라,
지워지지 않는 상처로 존재하는 이름.

그대 없어도

그대 없어도,
하루는 잔인하게 잘도 갑니다.

눈뜨면 인사하던 그 모습은
시야가 아니라, 파편이 되어 뇌리에 박혀 있는데
시간은 나를 끌고 또 하루를 저물게 합니다.

그대 없어도,
견디는 일이 기술이 되었네요.

죽을 만큼 아팠던 이별은
서창의 노을처럼 붉게 번지다
결국 식어버린 밤을 건네줍니다.

그대는 여전히 내 안의 가장 깊은 상처로 숨 쉬고,
그대가 없기에
나는 여전히 존재를 흉내 내며 살아갑니다.

그대 없어도,
오늘은 또 그렇게 흘러갑니다.

그런 날이기를

검붉은 노을이 상처처럼 하늘을 물들이고
서리가 숨통을 조여올 때,
이별은 이미 예고된 파국처럼 찾아왔다.

목 놓아 울던 그날,
당신은 밤하늘의 이름 없는 파편이 되어
나의 심연을 조용히 흩뜨리며 멀어졌다.

시간의 초침은 단 한 번도 멈춘 적 없기에
나의 잔여 시간도 필연처럼 소진될 것이다.

언젠가 내가 떠나는 날이 온다면,

그날만은 제발
캄캄한 밤의 비극이 아닌
겨울 햇살의 잔혹한 명료함이
내 모든 그림자를 깨끗이 태우는 날이기를.

그런 날이기를.
가장 비정한, 그러나 완전한 종결이기를.

[숨 고르기] 너였구나

가을
너였구나

모든 설렘의 이유
마침내 깨달은 이름

아아,
너였구나.

모든 계절을 넘어
나를 찾아온 단 하나의 이름

결국
너였구나

오랜 기다림의 끝
그대가 가을이었구나!

5부

빈곤과 생의 잔혹한 계약

신이 생명에게 내린 유일한 공평은 무(無)를 향한 질주입니다.
가난과 채무는 숙명이 되고, 유한한 불꽃은 잔혹한 계약 앞에서 비로소 타오릅니다.

생자필멸(生者必滅)

살아 숨 쉬는 모든 소리는
죽음을 향한 비명.

그 누구도
이 계약에서 벗어날 수 없다.

신이 생명에게 내린
유일한 공평은,
무(無)를 향해 균등하게 달리는 질주.

인간은
그 잔혹한 진실 앞에서
유한한 불꽃으로 선고받은 존재.

시한부이기에
가장 눈부시게 타오르는 모순,
소멸을 알고서야 비로소
터지는 존재의 불꽃.

1월의 그리움

사시사철은
당신을 복제한 계절의 잔해일 뿐.

십 년이 흘러도
시간은 내게 닿지 않는다.

여름의 햇볕은 화상이 되어 나를 지지고,
가을 단풍은 핏방울이 되어 땅에 스며들며,
겨울의 고요는 질식처럼 내 숨을 누른다.

그대를 그리워하는 이 행위가 곧 삶이기에,
나는 존재 이유를 잃은 채
더욱 끈질기게 살아간다.

그리고 또다시 찾아온 1월,
길 떠날 날을 염원하며

당신의 부재가 시작된 그 텅 빈 자리에
나 홀로 완전한 무(無)로 서 있기를.

사랑아

바람이 아닌 일격으로 너에게 갔다가
구름이 아닌 먼지가 되어 나에게 돌아온다.

이별은
고요한 강물이 아닌 핏빛 정적처럼 나에게 다가와
아무 말 없이 나의 모든 언어를 빼앗아 네 곁으로 떠난다.

사랑은 간다.
이름도, 약속도 남기지 않은 채
다만 내 존재의 계절을 파괴하며.

이별은 남는다.
무언의 속삭임이 아닌
내 가슴의 가장 깊은 곳에
끝내 아물지 않는 문신처럼 각인된다.

빈곤의 그늘

돈 없으면
죽는 게 마땅하다고
뼈저리게 믿었던 날들이 있었다.

하루는,
겨우 숨통 하나 붙들고 버티는 시간이었다.

무력감은 곧
아무것도 할 수 없음이었고,
그것이 비참의 가장 정확한 공식이었다.

한때는,
정말 살고 싶지 않았다.

겪어보지 않으면 모른다.
바퀴벌레처럼 기어다니는 인생,
혼자 짊어진 고독과 자책은
지워지지 않는 문신이었다.

그럼에도 나는
누구의 손도 잡지 않았고,
누구의 삶도 침범하지 않았다.

그리고 오늘,
새벽은 구원이 아닌 대가처럼 찾아온다.
쓰러지지 않는 이 행위 자체가
가장 비참한 투쟁이다.

작게나마 숨 쉬며,
아직 여기에 서 있다.
목적 없이 버티는 잔혹한 의지로.

헛된 비교

지렁이,
백날 꿈틀대도
독사의 꼬리치기 한 방에 끝나고,

사마귀,
제아무리 목 빼도
기린 발등조차 미치지 못한다.

애초부터
출발선이 우주적으로 다르다. 해도

지렁이는
가장 깊은 땅속으로 파고들어
세상의 무게를 오롯이 견디고,

사마귀는
단 한 번의 도약으로
자신의 키를 극단까지 들어 올려
고유한 사냥의 권법을 완성한다.

태생의 족쇄는
결핍이 아니라,
가장 완벽한 본질을 향한
잔혹한 설계였다.

비주류의 시선

동그라미만 사는 나라,
그곳에 네모가 칼날처럼 나타났습니다.

사람들은 원을 그어 가두며 말했습니다.
"너의 각(角)은 우리의 궤도를 부순다.
너는 존재 자체가 틀린 구조다."

그 말에 네모는
자신의 모서리를 스스로 깎으려 했습니다.
"정말 내가 닳아 사라져야 하는 걸까…"

그러던 어느 날,
불완전한 쐐기, 세모를 만났습니다.

모양은 달라도
서로의 빈 각을 인정하며 섰을 때,
하나의 거대한 요새가 만들어졌습니다.

그제야 알았습니다.

다름은 틀림이 아닌,
구조의 힘이었음을.
외로움은
자신을 부정하던 헛된 시간이었음을.

인간적인 붕괴의 예약

내가 노인이 될 때쯤,
세상은 철저히 예약된 격자 속에 갇혀 있을 것이다.

100% 예약제.
식당은 밥을, 미용실은 머리칼을
오직 코드로만 내어주는 차가운 벽.

혹여 갑자기 아파도
시스템은 내 손을 절대 잡아주지 않으리.

사람의 편의를 위해 세워진 모든 것들이
노인에게는 '접근 금지' 표지판이 되어 길을 막는다.

인공지능의 고요한 움직임 속에,
나만 덩그러니 남겨진 낡은 인형처럼 앉아 있을까.

마지막 소멸조차
시스템에 등록해야 한다면

부디 그날만은,
사랑하는 이들의 체온이 닿는 곁에서,
예약된 소멸이 아닌 인간적인 붕괴로
조용히 누울 수 있기를.

다시는

암울한 겨울,
강물은 고요를 잃고
진흙과 파편 속에서 울부짖었다.

많은 영혼이 숫자가 되어 떠난 자리,
그 자리는 지울 수 없는 핏자국처럼
대지에 스민 긴 침묵으로 남았다.

사람답게 살아남는다는 것
그러나 사람의 부재로 가장 뼈아프게 무너지고,
인간의 무관심에 존재의 빛마저 잃곤 한다.

다시는.
두 번 다시는.
그 비극을 되풀이하지 않기 위해,

잊는다는 것은 단순한 기억이 아니다.
상흔을 가슴에 영구히 새기고,
파괴의 논리를 가장 냉철하게 지켜내는 것.

송충이의 선택

어머니는 말했다.
송충이는 솔잎을 먹어야 하고,
뱁새가 황새를 따라가면
가랑이가 찢어진다고.

그러나 나는 믿었다.
솔잎이 아닌 독초 한입이
본능을 깨울 수도 있고,

작은 뱁새도
고통을 날개 삼아
다른 높이에 닿을 수 있다고.

속담은 안전한 길,
세상은 그 안전을 조롱하며
새로운 잔해(殘骸)를 기다린다.

빈곤의 질문

돈 없어 봤니?
아무것도 할 수 없고,
아무것도 될 수 없던 무(無)의 시간.

그 흔한 감기약조차
돈으로 사야 하는 냉혹한 계약.
아파도, 평안조차 자본으로 결제해야 하며
죽음마저 비용이 되어 출구가 막힌 세상.

돈이란 무엇인가.
내 영혼이 자발적으로 소멸해야 하는
파괴의 논리인가.

결국 돈은
존엄을 측량하는 최초의 저울,
꿈을 분쇄하는 가장 단단한 벽이다.

모두가 그 무게 아래 숨죽여 선다.
쓰러지지 않으려는 이 행위,
그것이 인생의 유일한 투쟁.

나는 내일을 붙잡는다.
돈의 비극을 몸에 각인한 채,
목적 없는 생존을 가장 치열하게 완성하며.

죽는 마음으로, 살아낸다

멈추지 말자.
흔들리지 말자는 허튼 맹세는 버리자.

끝없이 실패하고,
반드시 상처 입을 것을 각오하자.

절망의 정체를 냉철히 응시하고,
희망은 가장 비싼 대가를 치른 뒤에만 입에 올리자.

절벽 앞에서는
뛰어내림만이 유일한 해답일지라도,
착지가 재앙일지라도,
발을 구르자.

죽음을 단 한 번의 도구로 삼아,
오늘을 가장 치열하게 소진하고,

마침내
내 생존이 다 하는 날,

남겨진 의미를 모두 뒤에 두고,
가장 명료하게 소멸하자.

부재의 증명

홀로 쌓인 고독은
빛을 잃지 않는다.

뼈아픈 침묵 끝에,
작은 깃발을 꺼내어
나의 안부를 세상에 묻는다.

목이 쉬도록 말하지 않아도 좋다.
떨리는 손끝이 먼저 그들의 온기를 찾아
가슴 속 울음의 파동을 보낸다.

문고리를 잡으면,
부끄러움이라는 녹슨 자물쇠가
뚝, 피 묻은 용기로 부서진다.

오늘 받은 이 작은 불씨를
꺼지지 않게 품고 가다,
기꺼이 타인의 어둠에 나눈다.

그렇게 서로의 길이 되는 순간,
묵묵한 땅이 꽃 한 송이 피워내듯
우리의 연대가 조용히 완성된다.

가난과 채무

가난은
나의 죄목이 아니었으나
이미 나의 흉터가 되었다.

채무는
나의 실수가 아니었으나
나의 목줄이 되었다.

가난은 탯줄을 타고 내려와
채무는 시계처럼 이자를 물고 간다.

뿌리는 하나인 가난과 채무,
하나의 관 속에서 뒤틀린 채 닮았다.

가난은
닳아버린 신발 밑창 같아
끝없이 세상과의 간격을 넓힌다.

채무는

끝없는 저당 문서 같아
나의 모든 내일을 압류한다.

오늘과 내일

오늘,
달콤한 우유의 체온이
내일도 따뜻할까.

오늘,
웃음으로 나에게 빚을 진 사람이
내일도 같은 자리에 있을까.

오늘,
가슴에 새긴 사랑의 문신이
내일도 피 흘리며 숨 쉴까.

그러나
오늘의 맛은 내일 산화되어 비린내로 변하고,
오늘의 웃음은 시효가 끝나 굳은 가면이 되며,
오늘의 사랑은 내일,
가장 오래된 상처의 이름으로 남는다.

인생의 무게와 거리

모공을 뚫고 스민 하얀 침묵은
가슴속 메마른 대지를 덮는다.

인생의 무게를 달아보니,
비단 천근이 아닌
등뼈가 삭은 후회와
겨울을 견딘 웃음의 합솝.

거리를 재어보니
수평선 너머,
발자국이 지워지지 않은 길만 아득하다.

버틸 수밖에.
낡은 몸을 엮어,
바람 속 삭정이 같은 추억과
오늘의 마찰을 살아내야지.

모든 길은
뒤돌아보지 않을 때만 비로소,
미지의 결론으로 열린다.

피어나는 상처

차가운 겨울바람이
필요한 기억만 남기고
초상화를 지워갈 때,

피부 아래,
영문 모를 혹처럼
낡은 상처들이 솟아오른다.

몸은 더 깊숙이
피딱지처럼 메말라간다.

이래선 안 된다는 냉정한 판단이
그러지 말자는 것은 무력한 주문이 되어,

억눌린 강물 같은 감정은
가끔 내 안에서
날카로운 뼈가 되어

심장 가장자리에 닿는다.

고통을 막으려
나는 나를 철창 안에 가두었지만,

그 녹슨 문은
안에서부터
서서히 허물어지고 있다.

생의 이자

살다 보니,
숨 쉴 때마다 어깨를 짓누르는 빚.
생의 이자는 언제쯤 청산될까?
등뼈에 묻는다.

한계에 부딪혀 보니,
단단한 표정 아래 숨겨둔
습한 지층 같은 진심들이
자발적으로 파열한다.

어둠 속에서 발을 디뎌보니
누구의 그림자를 밟아야 할지,
어떤 파도를 거슬러야 할지
돌에 새긴 글씨처럼 선명해진다.

그리고,
무엇을 위해 이 무게를 지고 가는가
비로소 분명해진다.

마치 단절된 신경 끝에
생의 전류가
다시 흐르듯이.

퇴적된 침묵

한때는 맑아서
모두의 발목을 비추던 개천,
햇살을 꿰뚫고 흐르던 물.

그러나 어느 날부터,
익명의 고철과
생활의 폐기물이 정적(靜寂) 속에 투하되고

수면은 끈적하게 탁해지며
물의 뼈가 부러졌다.

돌아볼 거울을 잃은 영혼처럼,
한때는 선명했던 존재도
침묵의 무게에 짓눌릴 때,

서서히 액체처럼 흩어지고,
아무도 모르게
이름이 지워진다.

[숨 고르기] 관계자 외 에누리 금지 (完)

시골장에 닿았을 때,
풍악 소리에 북이 터지고
엿장수 가위 장단, 짤랑짤랑 경쾌하다.
왁자한 골목 끝 노점상,
쭈그리고 앉은 햇살 같은 할머니.
좌판 위 푸른 나물, 봄빛이 짙다.

"할머니, 나물은 얼마예요?"
"오천 원."
"아이고, 조금만 깎아 주시면 안 될까요?"

시장의 오래된 정을 묻는 목소리,
그 순간 주름진 손이 허공을 가르며—
봄바람까지 멈추게 한 한마디!

"관계자 외 에누리 금지야!"

순간,
웃음이 터지고

햇살이 좌판 위로 한 움큼 더 쏟아졌다.
에누리는 없었지만,
나물 한 줌에 봄이 덤이었다.

6부

시인의 증명과 투쟁의 의지

쓰러지지 않는 이 행위 자체가 가장 비참한 투쟁입니다.
시인의 숙명은 고독의 바닥에서
명명되지 않은 고통을 안고,
존재의 불꽃을 다시 일으키는 일입니다.

무엇으로 사는가, 그다음의 질문

새 옷의 마찰,
비싼 밥의 무게,
넓은 집의 허공으로 채운 하루가

의식주가
몸의 지도를 그릴 때,
가슴은 지도 밖의 여백으로 남아.
그 공백에 무엇을 들여놓을까.

나누는 손끝의 온기,
묻지 않고 흐르는 진심의 사랑,
고개를 숙이는 순간 피어나는 빛이

그제야,
사람은 마음의 흉터를 넘어선다.
오래된 상처 속으로
치유의 빛이 스며들 듯,
비로소 자신으로 완성된다.

순수 1

뭘 두려워하는가,
저기 결백한 얼음처럼
백합꽃이 숨 쉬고 있다.

아무도 모르게 손을 뻗어
그 무거운 줄기를 잘라버려.

네가 거머쥐는 순간,
사라지는 건 꽃의 정적이 아니라
네 영혼이 지탱하던 그 뿌리겠지.

알면서도,
너는 그 피로 물든 백합을
기어이 꺾어 증명할 것인가.

순수 2

뭘 망설이니.
저기 흰 장미,

피 한 방울 없이
결벽(潔癖)하게 피었다.

손을 뻗어
그 가장 완벽한 고독을 찢어버려.

꺾는 순간,

무너져 사라지는 건 꽃이 아니라
네 안의 태초太初 눈이겠지.

무지(無知)의 칼날 위에서
너는 그 흔적을 가져갈 수 있겠니.

갈아낸 불꽃

오래된 석유난로,
내장의 기름은 퀴퀴하고,
심지는 무덤 속 뼈처럼 굳어
더는 온기를 품지 못한다.

세상의 냉기를 막기엔
이미 파열된 주철의 몸,
매캐한 한숨조차 뱉지 못한다.

그러나,

손끝이 갈라지도록
검은 숯을 긁어내면,
미세한 파열음과 함께
불꽃은 터진다.

나의 인생도
무뎌진 시간을 톱니로 갈아,
단 한 번의 폭발로

다시 뜨거운 증명으로
살아갈 수 있을까?

사람의 향기

사람의 향기는
순간의 개화(開花)로 피는 꽃이 아니다.
눈부신 곳은 향기의 발생지가 아니다.

고독이 닳아 깊어진
마음의 통로에서
느린 호흡으로 간신히 새어 나온다.

그 간신히 새어 나온 증거만이
세월의 모든 퇴색을 이겨내고,
망각이 끝나는 지점에서
홀로 남아 빛난다.

이것이,
모든 꽃의 명멸(明滅)을 넘어
인간에게만 허락된
영원한 잔향(殘香)의 이유다.

청춘의 바람과 소금쟁이

젊은 날은
모든 수수 잎을 찢던 바람,
흉터처럼 질주하고,
파문을 일으켰네.

늙은 날은
수면 아래 절망을 숨긴 소금쟁이,
고독의 표면 위를 간신히 짚고 있지.

영원이라는 허상
뒤틀린 근육으로 뒤돌아보니
이미 내 몸을 떠나간 격정(激情).

남은 것은,
발이 젖지 않는 물 위에서
가라앉지 않으려는 그림자뿐.

그제야 알게 되는 삶의 무게,
다시는 오지 않을 고통마저도
절실했던 청춘의 날들이여.

자연은 말하지 않는다

자연은
단 한 번도
우리에게 길을 가리키지 않는다.

그저 거기 있을 뿐,
빛은 제 무게로 무너지고,
뿌리는 제 시간으로 썩는다.

답을 찾아 헤매는 일은
인간의 징역(懲役),
뜨거운 상처로 겪어내고,
영혼의 부채를 탕감(蕩減)하는 것.

자연은 무심의 거울이 되어,
결코 침묵을 깨지 않는다.

변절(變節)하며 파문을 일으키는 건
언제나 대답을 원하는 인간이다.

변화의 결단

벽을 등지고 앉아 글자를 파먹을 것인가,
광장으로 나가 파문을 일으킬 것인가.

지옥 같은 침묵 속에서
나의 운명은 끝없이 두 갈래였다.

나는 결국
어둠의 통로를 부쉈다.

몰디브 해변의 고요한 모래성처럼,
부풀었던 자의식을 냉정한 파도에 허물고,
러시아의 혹한처럼 드넓은 미지를
맨 가슴으로 들이마신다.

이 길 위에서,
나의 고독은 언어가 되어
타인의 심장으로 건너가고,
내 삶은 골방의 궤적을 벗어나
하늘과 수평선을 최초의 경계로 삼는다.

하얀 기억

함박눈이
세상의 모든 경계를 지우던 날,
빚지지 않은 미소가 전부였던 시간이 있었다.

녹아내릴 운명의 눈사람 위에
우리는 우리의 생(生)을 굴려 넣었다.

그러나 이제,
눈은 세금 고지서처럼 쌓여온다.
촌로(村老)의 등은 굽어도,
삽은 세월의 무게를 나르듯
묵묵히 치운다.

온 세상 흰빛은 금세
더러운 유서가 되고,
하늘은 불평 대신
묵묵한 피로를 쏟아내게 한다.

지금 내 안에는

흰 세월보다 무거운 침묵만 남아,
툴툴대지 않는 촌로의 눈빛으로
이 겨울을 증명한다.

무례한 보은

뒷다리에 피의 훈장을 새기고
길고양이 한 마리,
돌덩이처럼 찾아왔다.

모든 운명을 넘긴 듯
그림자를 푹 숙이고 있었다.

차마 윤리를 거부할 수 없어
소리 없이 다가가
멸망의 몸을 살며시 구조했다.

며칠 지나자
사지의 야성이 차츰 회복되었고,
눈빛엔 다시 불의 원형이 돌았다.

그러더니
흔적도 없이
단호하게 사라져 버렸다.

그리고 다시,
어느 아침 문명의 입구.

죽은 뱀 한 마리,
야생의 증명처럼 놓여 있었다.

나는 공포와 감사 사이,
인간의 언어를 잃고
오래된 침묵만을 습득했다.

무게를 견디는 기도

혀의 끝을
가장 늦게 움직이게 하소서.

칭찬은
뼈가 부딪히는 소리처럼
진실을 담아 내뱉게 하소서.

타인의 긴 고독에
발자국 없는 귀를 기울이게 하소서.

얼굴에는
세상과의 화해를 담은
흔들리지 않는 고요를 띠게 하소서.

순간순간이
고독의 증명이며,
매사가
파열 직전의 긍정이게 하소서.

결국
살아 있음의 비극적 책임을 알 때,
차가운 감동으로
존재의 전부를 껴안게 하소서.

문학의 증언

모든 상심이
내 혀의 뿌리를 잘라냈을 때,
문학은
오래된 증인처럼 나를 응시했다.

천상의 빛이
파편으로 흩날릴 때,
문학은
지옥의 가장 낮은 벽을 부숴
틈을 만들었다.

깊은 어둠이
내 영혼의 폐를 짓눌렀을 때,
문학은
말 대신 차가운 활자를 내밀어
결단을 요구했다.

말로 옮기기 힘든
무형(無形)의 고통을 안고 있을 때,

문학은
그 고통에 비로소 이름을 붙여
파열시켰다.

그리고 이제,
문학은 내 삶의 날 선 도끼가 되어
세상의 모든 벽에
나의 언어를 새길 힘을 준다.

아날로그 시대의 회귀

디지털의 척추는
여전히 버퍼링 중이다.

홍수처럼 쏟아지는
익명의 데이터 속에서
우리는 세상의 모든 지식을 꿰지만,
정작 자기 심장 박동을 잃는다.

손가락의 속도는
빛을 넘어서나,
영혼의 닻은
가장 늦게 도착하고,
접속은 쉬워졌으나
존재의 심연은 오히려 단절되었다.

그러나,
내부에서 파열하는 고독이
이 시스템의 균열을 만들 것이다.

속도보다 중요한 것은
의지의 정지이며,
화려한 픽셀보다
거친 목소리가
침묵을 뚫고
비로소 현존한다는 것을.

정상의 침묵

아래에서 올려다본 정상은
오만의 시선에 납작해 보였는데,
내 영혼은 첫 능선도 넘지 못한 채
침묵 속으로 돌아와야 한다니.

산의 융기된 침묵은
쉽게 타협하는 영혼에
단 한 뼘의 공간도 허락하지 않는다.

무릎에 새겨진 모든 파열음,
수없이 포기했던 밤의 냄새
그것이 바로
고통의 여정이었음을.

그러니 다시,
무너진 육체를 일으켜
그 무게를 짊어진다.

저 정상은,

생의 모든 균열을 견딘 자만이
비로소 도달할 수 있기 때문이다.

모퉁이 돌아서면

쌩—
버스는 운명을 향해
맹렬히 질주한다.

고요히 선 택시의 유일한 안식,
가느다란 숨을 고르는데,

꽝—
파열된 시간의 굉음,
흩어진 비명들이
공기의 척추를 깨뜨린다.

무엇의 도달이 그리 급했는가.
질주는 언제나
명시되지 않은 절벽의
경계를 향하는 맹목의 행위.

저기, 모퉁이를 돈다는 것은
가파른 미래의 시간을

당겨쓰는 일.

그 아래 숨어 있던 것은,
우리의 무지(無知)가
기어코 맞닥뜨려야 할
정지선이었다.

하늘나라의 설날

하늘나라에도
시간의 흉터를 덮는 설날은 있겠지요.

그곳에는
파편처럼 흩어진 싸움도,
다툼도 없겠지요.

아픔을 모두 갚은 영혼들만이
살고 있을까요.

간절히 기도하면
천상의 침묵이
조용히 들려옵니다.

"그래.
너의 몫을 모두 지고 오너라.
너의 무게대로 살다 오너라."

가을의 두 풍경

찢어질 듯 날카로운 바람도 좋고,
벼락이 터지듯 몰아치는 폭풍도 좋다.

탄식처럼 터진
홍시紅柹의 노을
빛의 궤적이 멎은 고요 속에서,

낙엽이 뼈처럼 쌓인 그 비탈길.

시인은
미쳐버릴 듯
생의 찬가를 토하고,

그러나,

경비원의 빗자루는
묵묵한 시간의 톱니처럼
아무도 모르게
차가운 일상을 긁어간다.

[숨 고르기] 육아 레벨 '손주 최고 레벨'

삼단 도토리들이 쪼르르.

고막을 뚫을 듯한 외침에도
나는 해탈의 삐딱선이다.

내 아이를 키울 땐 바쁨이란 안경에 가려 보이지 않던 것.

울음은 아이스크림 한 방울로,
짜증은 웃음 폭탄으로 터트리던 마법을.

이것이 곧 내 삶의 가장 격렬하고
가장 달콤한 쓴맛인 것을.

노년의 록 콘서트는 지금 절정이다.

7부

폐인(廢人)의 그림자, 내면의 회전

내부의 수축은 고독으로 단단합니다.
회전의 감옥 속에서 맹목의 불나방이 되더라도,
인(忍)의 자중으로 파괴가 멈춘 곳에
진정한 평정이 선다는 것을 증명합니다.

실언의 메아리

은연중, 무심함의 척도로 튀어나온 돌덩이
경계 없이 흘려보낸 조각 유리

그 칼처럼 날 선 단어가
타인의 심장을 깊은 파열음으로 할퀴어 간다

주워 담을 수 없는 그 파문은
시간의 무덤으로 돌이킬 수 없이 흘러가고

남은 일은
날이 선 파편을 죄의 무게로 줍는 것

핑계는 상처에 새기는 덧난 문신
변명은 책임 뒤에 숨은 비겁한 그림자

실수는 존재의 숙명이지만
그 잘못의 본질을 끝내 마주하지 않으면
결국 돌아오는 건
침묵 속의 숙명적인 메아리뿐이다.

인(忍)의 자중

화는
짐승의 발톱처럼 번져
가슴을 지옥의 아궁이로 만든다.

분노의 잿더미는
모든 뿌리에 상처를 남기고,
다스리지 못한 불은
끝내 존재의 경계를 폭파한다.

그러나,
뼈에 새기는 인(忍)의 자중(自重)은
칼날을 거두고
살기의 궤적을 멈춘다.

숨을 멈추고,
세상의 문을 닫듯
눈을 감는다.

불길은
자신의 연료를 다 태워 꺼지고,
연기는 고독으로 흩어지며,
내면에는
차가운 고요만 남는다.

인(忍)의 형벌,
세 겹의 인내.
그 길 끝,
파괴가 멈춘 곳에
진정한 평정(平靜)이 선다.

효의 척도

세월이
뼈의 척도를 넘어서자,
병고는 가차 없는 징벌로
모든 의지를 흔들었다.

곁을 지키러 온
단 하나의 척도,
싸늘한 시선과
억지웃음 아래서
숨 쉬는 투명한 냉기.

꺼져가는 시야 너머에서야,
불안이 경멸로 변해가는
그 일그러짐을
뒤늦게 알아차렸다.

'나의 거울은 어떠한가?'
타인에게 투영된 내일의 나 또한
용서받을 수 없는

냉기를 품고 있었다.

밤새,
새의 울음소리는
내 영혼의 파열음처럼 터지고,
나 또한
베갯잇에
한 줄의 비극적인 서사를 적셨다.

삶의 얼룩

결벽처럼 빠진 빨래
햇볕에 투명하게 말라가는데,
자연의 훼방꾼 참새 한 마리 날아와
존재의 경계를 찍고 갔다.

광택으로 덮은
내 애지중지 차,
고양이 둘이 올라타
야성의 기록을 새긴다.
지워지지 않을 파문 하나쯤 남겨야
삶의 궤적이 완성된다지.

삶이란 원래 그런 것,
닦을수록
틈새는 더 선명해지고,
균열은 숙명처럼 피할 수 없다.

그깟 얼룩이야
시간의 가치가 싸구려 되는 것도 아닌데,

차라리 비장의 웃음으로 응답하며,
"세상의 모든 흔적은
나를 증명하는 기호!"
하는 게 성숙한 결론 아니겠는가.

오뚝이

아무렇게나 중력을 걸어라.
균열 나고 모서리가 닳아도,
나는 기어코 다시 수직을 세운다.

백만의 고독이 덮쳐도
천만번 내 안의 중심은 다시 선언한다.

인생은 수많은 오답으로 채워진 길.
육체가 무너지고, 의지가 부서져도,
절망이 밀어도 나는 다시 선다.

흙먼지와 망각 속에 묻혀도
고독한 햇살 아래로 다시 솟아오르는
무게중심의 증명, 오뚝이처럼.

쓰러짐은 끝이 아니라
가장 비장한 시작의 신호.
나는 존재하고,
투쟁하며,
운명 앞에 끝내 홀로 서 있으리라.

비장한 자유

내 생은 늘 투쟁이었다.
마지막 궤적마저
스스로 선택할 수 있기를 바란다.

모든 파열과 절망의 끝에서도
인간이 인간으로 남는
그 존엄만은 지켜지기를.

종언의 선택이
죄의 이름이 아니라,
한 존재가 누려야 할
마지막 권리로 기억되기를

그것이야말로,
존재가 완성으로 향하는
가장 비장한 자유 아닐까.

욕망의 끝판왕

오토바이를 샀다.
속도의 맹점을 자랑했지만
석 달도 못 채우고
더 강한 중력으로 갈아탔다.
파열음과 슬립만 남았다.

차를 샀다.
현실에 순응하는 듯했으나
곧 더 큰 권력, 더 빠른 차로 옮아갔다.
결국 운명을 초과하여 폐차했다.

땅을 샀다.
처음엔 10평의 안정에 만족했지만
옆 필지의 경계가 눈에 밟혀
무리한 확장 끝에
내 경계는 은행의 침묵 속에 묻혔다.

욕망의 끝은 언제나
'더'와 '더 큰'의 궁극의 소용돌이.

채워도 채워지지 않는
존재의 공허 속으로 흘러간다.

나는야 민달팽이 1
– 내면의 무게

나는야
민달팽이
모든 방어를 벗었지만
내부의 수축은 고독으로 단단하다네.

사람들은 나를 존재의 낙인처럼 혐오하고 피하지만
사실, 내 점액 속에는
단 한 줌의 미움도 없다네.

나는야
민달팽이
세상의 경계도, 돌아갈 뿌리도 없지만
굴절 없는 의지로 좌절하지 않는다.

겉은 영겁처럼 느리지만
가슴 속 강물은 시간의 심연을 깊게 흐르고
슬픔과 깨달음이
이슬의 무게로 차곡차곡 쌓인다.

나는야
민달팽이
광속의 세상과 투쟁하지 않고
투명한 궤적으로 나만의 길을 그린다.

작지만 확신하는 생의 압력으로
오늘과 내일을
어둠의 달빛과 거친 바람 속에서
홀로 살아간다.

나는야 민달팽이 2
– 존재의 완성

나는야
민달팽이
모든 것을 드러낸 민낯이지만
속살 하나로 시간의 모진 풍파를 견딘다네.

파열하는 빗방울이 쏟아지면
가장 낮은 틈으로 순응하고,
거센 바람이 스치면
고독한 외투막을 묵묵히 펼친다네.

나는야
민달팽이
영원히 느리지만 절대 멈추지 않고
작지만, 전체를 걸어 운명에 굴하지 않는다.

남들 눈엔 연약한 투명함으로 보여도
나는 독을 내뿜을 힘을 아껴둔다
마음 깊은 곳에
작은 결의를 무기처럼 오래도록 쌓아 간다네.

나는야
민달팽이
존재가 증명되는 아침,
가장 거친 흙길 위에 나의 무게를 올린다.

오늘도 나는 침묵 속에서 길을 걸으며
숙명적인 하루를 느끼고,
내일도 고요한 의지로
나만의 길을 완성해 간다네.

불나방처럼

왜
그토록 맹렬히
불나방처럼
파멸의 중심으로 전진하는가

알고 보니
불나방은
욕망이 좋아서가 아니었다.
자신의 궤적을 착각했다.

인간의 실존도 다르지 않다.
선택의 여지 없이
존재의 경계와 맞닥뜨리는
필연의 투신.

그것이
영원한 소실(燒失)인지
존재의 낙차인지도 모른 채
우리는 숙명처럼 뛰어들 수밖에 없었다.

마치
빛을 향한 맹목의
불나방처럼.

사람의 무서움

밤의 숲,
뱀은 존재의 경계를
두 갈래 칼날로 가른다.

그러나 사람의 혀는
보이지 않는 비수를 수천 갈래로 흩뿌려
영혼에 영원한 상흔을 남긴다.

독사의 맹독은
지상의 약초로 해독되지만,
사람의 말은
풀 길 없는 지옥의 불씨가 되어
내 생의 그림자로 따라붙는다.

칼끝의 경계보다 더 깊은 곳을 베고,
파멸의 불꽃보다 더 오래 무덤 속에서 타오르는 것.

가장 무서운 포식자는
들판의 짐승이 아니라

언어의 독을 품은
우리 자신이다.

감히 범접할 수 없는 세계

어떠한 존재도
어떠한 자격으로도
감히 다가갈 수 없다.

그곳은
마치 본질의 빛에 용해되는
최후의 경계처럼
침묵하고, 절대적으로 고요하며
영혼의 숨결조차 정화되어야 하는 자리.

유리 벽 위 아지랑이처럼
무게를 버린 존재만이
비로소 그 투명함에 닿는다.
시간의 숨결조차 멈춘 그 순간에.

편집된 젊음

젊음은
그 맹목적인 광휘 속에서
파문이 이는 날은 지우고
순백의 날만 자서전처럼 기록한다.

인스타그램의 필터로 위조된 미소는
모든 좌절과 눈물조차
가장 비싼 포장지로 감싼다.

노트북 카메라는
고독한 증언자처럼
끊임없이 켜져 있었고,
편집된 모든 순간은
완벽한 알리바이로 남았다.

우리는 기억의 시간을
끝없이 재구성하지만,
진실은
가장 냉정한 칼날이 되어
숨겨진 근원의 상흔을 드러낸다.

가죽의 묵언(默言)

마모된 내면 위에
세상의 모든 중력을 싣고도
나는 침묵하며 운명을 따라간다.

땀과 비루함으로 얼룩진 기억의 잔해,
묵은 상흔이 남아도
숙명적인 궤적처럼
끝내 나의 연대기를 이룬다.

가죽은 찢어지고, 영혼은 닳아
잊힐 운명을 알면서도
나는 오늘도
타인의 시간을
비밀스럽게 지탱한다.

늙은 안색

호박은 태초의 무덤처럼 둥글었다.
황금빛 껍질 아래, 수천의 문장들이
끈적한 점액 속에서 부패하고 있었다.

칼날이 껍질을 가르자, 끈적한 숨이 터졌다.
씨앗들이 냄새로 흘렀다.

검붉게 화인처럼 찍힌 세월의 그늘,
내장 깊은 곳에서 온기가 죽어 있었다.

나는 그 늙은 안색을 껴안고
내 얼굴의 색을 잊었다.

회전의 감옥 1
- 파열하는 중심 - 이름 없는 원심력

어떠한 서문도 없다.
심장의 리듬이 멈춘 듯 고요한 날,
내 안의 축이 파열하며
갑자기 빈 중심을 돌기 시작한다.

삶과 죽음의 경계에 닿을 만큼
팽팽한 의지의 실타래가 풀리며,
세상은 무의미한 궤도
오직 속도만이 존재하는 절대 공간.

빙글빙글,
나는 침묵의 중심에서
그 격렬한 원심력에 갇힌다.

무자비한 시간이 빚어낸 세상,
그것은 지옥이었다.

회전의 감옥 2
− 예고 없는 습격 − 의지의 단절

나를 덮치는 순간에 예감은 없다.
개연성 없는 잔혹극,
불시에 막을 올린다.

시도 때도 없이 터지는 존재의 균열,
도움의 손길 하나 허락지 않는다.

나는 늘 현실의 어둠 속에서
생의 끈이 묶인 채 습격당한다.

영혼의 모든 욕설을 내뱉고 싶지만
그조차 언어화되지 못한 채,
무음(無音)의 절규만 남는다.

회전의 감옥 3
— 일회용 안도 — 파열하는 맹세

겨우 삼킨 약, 구원의 맹세는
순식간에 파열하는 유리잔,

손에 쥔 찰나의 안도는
잔해 속에 흩어져 사라진다.

세상의 모든 지식은 이 병증을 꿰뚫을
결정적인 답 하나 내어주지 않는다.

나는 균열 간 거울 조각처럼
언제든 자신을 베일 수 있는 절대 고독 위를
파동을 재며 걷는 곡예사.

회전의 감옥 4
– 무거운 밀봉 – 존재의 잠식

존재의 증상은 해마다
삶의 밀도를 깎아내고,
의지를 더 깊숙이 잠식한다.

퀴퀴한 연기와 망각으로 가득 찬
밀봉된 관 속,
나는 운명의 사형수처럼 갇혀 있다.

현실과 환영이 용해되는 경계의 자리,
심장 박동만 이어가는 기계가 되어
무덤 속의 비명을 호흡으로 반복한다.

회전의 감옥 5
－ 에필로그 · 존재의 수직

그러나 절대 어둠 끝에도
지워지지 않는 미세한 점은 남아 있었다.

지독한 회전도,
차가운 단절도
그 점의 중심을 꺼뜨리진 못했다.

비명이 닿는 한,
나는 균열 속에서 여전히
나의 수직을 걷고 있다.

[숨 고르기] 세상에 없던 말 (앵무새)

우리 새는 말을 만들죠.
세상에 없는 다섯 마디.

"하이요쓰!" (안녕하세요?)
인사는 언제나, 필요할 때만 명랑하게.

"까꾸쭙!" (까꿍!)
놀이는 짧고, 관심을 얻는 수단이죠.

"흐앙해." (허망해?)
가끔은 감추려던 속마음이
불쑥 드러나 버리기도 해요.

"빠빠까!" (까까 달라!)
요구는 세금 계산서처럼 확실하게.

그리고 제일 좋은 말,
"싸라매!" (사랑해!)

어른들은,
정작 필요할 때조차
끝내 꺼내지 못하죠.

우리 새는 부리로
용기를 증명해요.

8부

구원의 궤적과 존재의 완결

지프 라이터의 파국적 심지가 꺼지고,
나는 나의 불꽃을 다시 일으킵니다.
고독한 비상과 불멸의 유산 끝에,
이 모든 역설을 담아 단 하나의 말로 존재를 완결합니다.

빛을 향한 탈출 1

마음의 철문 속,
홀로 갇힌 사내여.

샛노란 액체와 거품 속에서
희열을 느끼며 고통의 파열 속으로
세상의 비린내를 잊으려 하는가.

잡어와 미꾸라지, 피라미들 사이
바퀴벌레의 춤이라 외치며
자신을 가두었는가.

철문을 연다면,
그 비린내 나는 하수구와
마주해야 하는 두려움
그것이 너를 가둔 진짜 이유일까.

빛을 향한 탈출 2

방 안에서
안식의 방아쇠를 당겼으나
총알은 나가지 않았다.

밤과 낮이 뒤바뀐 존재,
어둠에 묶인 사람이여.

새벽이 오면
다시 철문을 잠가야 하는 두려움이
나의 밤을 따라다닌다.

탈출은 끝없는 밤으로의 도피일 뿐,
새로운 아침을 마주할 용기는
샛노란 거품 속에 감춰져 있었다.

그러나 알겠다.
어둠 속에도
빛의 잔향은 남아 있음을.

이제 철문을 열고
낮의 세계로 걸어 나가리라.

그러나 발걸음마다
샛노란 거품 속 기억이 스며
나를 지켜보리라

지프 라이터(Zippo Lighter) 1
　－파국의 심지 － 차가운 절대명령

그때 당신의 어조를
나는 외면할 수 없었죠.
더는 사랑하지 않으니 소멸하라던
그 날카로운 종언(終焉).

이른 아침,
서릿발처럼 냉정했던 저수지 언덕,
영원히 돌아보지 않겠다며
차가운 지프 라이터를 내 손에 던지던 당신.

그리고 예언했죠.
심지가 재로 변할 때,
너의 모든 것도 텅 비워질 거라고.

나는 그저
마모된 뚜껑을 무심히 여닫았어요.

이제야 압니다.
당신이 남긴 그 파괴적인 명령,

떠나던 그날
남은 생의 심지를 태워
나를 지워내라는
비통한 자기 파괴의 족쇄.

당신은 결국
내 존재의 중심에 남았어요.
소진되지 않는 염원으로,
어둠 속에서 나를 구속하며,
가장 느린 속도로
나의 의지를 태우는 불꽃으로.

지프 라이터(Zippo Lighter) 2
― 맹세의 재구성 ― 꺼지지 않는 불멸

이제 지프 라이터에서는
더 이상 불꽃이 일지 않아요.
파열된 심지는 굳어버렸고,
생의 잔해조차 남지 않았죠.

당신의 절대명령대로
나는 완벽히 텅 비워졌습니다.
구속은 성공했고,
파국은 조용히 반복되었죠.

그러나 나는 결심했습니다.
새 심지와 연료를 채워
운명의 뚜껑을 다시 열었습니다.

모든 소멸의 명령을 거부하며,
당신이 원한 망각조차 거부하며,
그날의 비극을 잃지 않기 위해,
혹은 굴복하지 않기 위해.

이제 당신은 시간의 저편에 없고,
나는 나의 불꽃을 다시 일으킵니다.

이 불꽃은 당신의 그림자를 지우는 것이 아니라,
모든 시간을 불멸로 보존하려는 결의.

지프 라이터가 내 손에서
뜨거운 의지로 타오를 때,
나는 깨닫습니다―

가장 느린 속도로 나를 태운 것은
타인의 명령이 아니라,
멈춰 있던
나 자신의 시간이었음을.

불멸의 유산 1
– 낯선 향기의 각인

낯선 이에게서
섬광처럼 그녀의 향을 느꼈다.

이상하리만큼
닮아 있는 그 잔향은
단순한 기억이 아니라,
그녀만의 숨결이자
내 깊은 곳에 스민 존재의 각인.

운명은 떠났고,
빛은 멀어졌는데,
왜 나는 이제야
그 부재를 문장으로 빚는가.

그녀는 떠나기 전,
낡은 협탁 안에
만년필과 노트를 남겼다.

단 한 사람의 제자에게

세상의 편견에 저항하는 문장을,
사유의 시간을 유산처럼 건넸다.

그제야 알았다.
그녀의 결의는 소멸이 아니라
문장이 되어 나를 파고드는 일임을.

그녀는 떠났지만,
심연에 남은 불멸의 흔적이
오늘도 내 펜촉을 부른다.

불멸의 유산 2
－ 서사의 완결

그 후,
그녀의 친한 언니에게서
운명 같은 약속을 들었다.

그녀는 말했다고 했다.
나의 서사가 완결될 때까지
시간의 모든 궤적 너머에서
너의 역설적인 문장을
또렷하게 지켜보겠다고.

나는 고개를 들어
시간의 바람을 바라본다.
그 길 위에서
그녀의 발자국을 따라가며
나의 다음 문장을 직시한다.

그리움은 이제 슬픔이 아니다.
희미한 깨달음의 웃음,
꺼지지 않는 빛이 되어
나의 서사를 완성으로 이끈다.

일생(一生)

소년은 빛나는 꿈의 칼날을 좇고
청년은 꿈을 짓밟고 투쟁하며
노년은 꿈의 파편을 그러모아 잠든다.

소녀는 미지의 꿈의 건축을 그리고
숙녀는 꿈을 불태우며 직조하고
노녀는 꿈의 여백을 고요히 채우다 잠든다.

거북이 위 가로등 (슬픈 동반자) 1

어둠의 징역, 껍질 위에 박힌 불빛.
가로등은 영원한 중력을 비춘다.

빛을 밝히는 그 차가운 짐은
구원이 되는 희망이었을까,
모든 움직임을 부수는
눈부신 고통이었을까.

나는 느린 네 눈을 바라본다.
그곳에서 나의 정지된 궤도를 읽고,
네 침묵에서 고독의 깊이를 잰다.

우리는 서로의 이름을 알지 못해도
같은 짐을 영원히 짊어진 숙명이다.

거북이 위 가로등 (슬픈 동반자) 2

거리를 지날 때마다 보이는 너,
슬픔의 무게에 나는 시선을 피했다.

가로등이 껍질 위에 쇠처럼 박힌 채
묵묵히 길을 밝히는 단 하나의 점.
세상의 무심한 그림자들을
네 등 위로 옮겨 놓은 듯.

빛은 너를 위한 위로가 될 수 없다.
오직 고통만이 그 빛 아래서
길의 의미를 증명하고 있을 뿐.

나는 안다. 조명이 켜질 때마다
네가 맞이하는 것은 어둠이 아닌,
또 하루가 묵인된 채 시작되는
차가운 예감임을.

우리는 침묵의 벽 속에서
서로의 짐을 말없이 확인한다.

구원(救援)의 궤적

나는 고독이라는 먹물 편지를 띄우지만,
당신은 그 중력을 해체한
침묵의 웃음 이모티콘을 보내옵니다.

내가 슬픔이라는 오래된 화석을 외치면,
당신은 가장 비싼 밀도로 응답하며
따스한 비타민을 손에 쥐여줍니다.

나는 밤이라는 시간의 유리를 열지만,
당신은 망설임 없이
최초의 아침을 나의 폐허 속에 들여보냅니다.

내가 겨우 존재의 한 줄을 읊조릴 때,
당신은 그것을 수많은 생이 깃든
불멸의 서사로 서명하고 완성합니다.

나의 절망을,
당신의 구원이라는 궤적으로 채웁니다.

고독한 비상

단 한 조각의 짠맛에
바다의 고독이 덮친다.

자유를 위해 펼친 날개가
세우깡 부스러기 앞에서
서로를 향한 무기가 된다.

가장 약한 날개는
희망을 공중에서 놓친다.

그리고 그 덧없는 비애를
묵묵히 짊어지고 살아가는
땅 위 사람들의 그림자가 있다.

경계의 침묵

선홍빛 섬광이 지나간 잔영,
낡은 데코타일 위, 잊히지 않는 기억의 저편.

삶의 중력을 내려놓은
낡은 가죽 구두, 멈춘 시간의 무덤처럼.

다섯 개 바퀴 위에 선 수액 기둥은
멈춰버린 시간을 억지로 감아올리는 희미한 동력.

허름한 외투는 구겨진 채
운명의 무대 옆, 심판이 멈춘 공간에 놓여 있다.

벌레 무늬 천장 아래,
침묵이 흐르는 문턱 사이로
인간의 실존이 길게 드리운 그림자.

그리고 삶과 죽음의 경계 위,
나는 고요히 눕는다.

아름답다, 단 하나의 말

그대

아름답다

더 이상의 아름다운 ** 언어(言語) ** 를 난 찾지 못했다!

끝으로

이 한 권에, 저의 모든 계절이 담겨 있습니다.
얼어붙은 고독과 파열된 절망 속에서, 저는 '폐인'이거나 '시인'이었습니다.

수없이 벽에 부딪히고, 부서진 거울 속에서 자신을 마주했습니다.
빈곤과 상실, 관계의 마모 속에서 저는 '나를 파괴하는 것만이 나를 완성할 수 있다'라는 생존의 역설을 배웠습니다.
고통은 잔혹한 스승이자, 동시에 다시 숨 쉬게 하는 언어의 불씨가 되어 주었습니다.

이 모든 글쓰기는 단순한 토해냄이 아니었습니다.
존재를 증명하는 비참하고도 아름다운 투쟁이자, 뼈에 새기는 인내였습니다.
시인의 숙명은 고독의 바닥에서 명명되지 않은 고통을 안고
다시 지상으로 돌아오는 일임을, 저는 이 시집을 통해 비로소 배웠습니다.

이제, 지프 라이터의 파국적 심지가 꺼지고,
저의 불꽃은 다시 일어섭니다.

이 시집이 어딘가에서 홀로 고독과 싸우는 당신의 삶에 가닿아,
당신의 고통 또한 언어가 되는 불멸의 유산이 되기를 소망합니다.

고독한 비상 끝에 마침내 도착한 이 마지막 활자 앞에서,
저는 단 하나의 말로 저의 존재를 완결하려 합니다.

참, 잘했어요.

2025년, 고영균 드림

시인이거나 폐인이거나
ⓒ 고영균, 2025

발행일	2025년 11월 11일
지은이	고영균
발행인	이영옥
펴 낸 곳	도서출판 이든북
출판등록	제2001-000003호
주 소	대전광역시 동구 중앙로 193번길 73
전화번호	(042)222-2536	팩스(042)222-2530
전자우편	eden-book@daum.net
카 페	https://cafe.daum.net/eden-book
공 급 처	한국출판협동조합
	전화 (02)716-5616 (031)944-8234~6

ISBN 979-11-6701-372-9 (03810)
값 12,000원

* 이 책의 판권은 지은이와 이든북에 있습니다.
* 이 책 내용의 전부 또는 일부를 재사용하려면 반드시
  양측에 서면 동의를 받아야 합니다.